把话说到心里去

包朗◎编著

中国纺织出版社有限公司

内 容 提 要

现今社会，说话能力的重要性不言而喻，好的语言可以清晰表达自己的所思所想，让人爱听，并且听到心里去。有魅力的言辞能够很快打动人心，促成交易、达成谈判目的等。会说话、把话说进他人心里去，这样的能力是每个人都非常需要的。

本书汇集了诸多实用且行之有效的语言技巧，让读者朋友看透说话之道，快速提高沟通能力，并且立足于实际，帮助大家培养“把话说到他人心里”的语言能力，教会大家如何说话，说怎样的话，让你在各种场合中都能够游刃有余、赢得好人缘。

图书在版编目（CIP）数据

把话说到心里去／包朗编著. --北京：中国纺织出版社有限公司，2021.8

ISBN 978-7-5180-2722-4

Ⅰ.①把… Ⅱ. ①包… Ⅲ. ①语言艺术—通俗读物 Ⅳ. ①H019-49

中国版本图书馆CIP数据核字（2021）第077027号

责任编辑：闫　星　　责任校对：高　涵　　责任印制：储志伟

中国纺织出版社有限公司出版发行

地址：北京市朝阳区百子湾东里A407号楼　邮政编码：100124

销售电话：010—67004422　传真：010—87155801

http://www.c-textilep.com

中国纺织出版社天猫旗舰店

官方微博 http://weibo.com/2119887771

三河市宏盛印务有限公司印刷　各地新华书店经销

2021年8月第1版第1次印刷

开本：710×1000　1/16　印张：14

字数：163千字　定价：39.80元

凡购本书，如有缺页、倒页、脱页，由本社图书营销中心调换

前言

语言是人们必不可少的交际工具，小到打招呼，大到商务谈判，无一不需要高超的口才技巧。只有我们切实掌握了这种本领，能够用别人喜欢的表述方式把自己的所思所想表达出来，能够做到把话说到他人心里，我们才能更好地进行交际：结交朋友，搞定客户，加薪升职……所以，为了功成名就能够早一点到来，每个人都有必要尽快掌握“把话说到他人心里”的本领，并且熟练运用这个本领，为自己赢得最理想的生活。

生活中，很多人都会羡慕那些说话滔滔不绝的人，不可否认，这些人相较于内向、不善言辞的人而言，确实因为能说、敢说而得到了展现的机会。但是，口若悬河、滔滔不绝并不意味着口才好，有时候过于繁冗的长篇大论也会让人心生厌烦。语言，不过是一种工具，能够让其为自己所用才是最根本的。任何言辞，如果不能直抵人心，不能达到传情达意的目的，那么这些话无异于废话。

有人说“把说话练好，是最划算的事”，我深以为然。会说话的人往往在人际交往中扮演着积极的角色，他们可以用语言把交往对象都串联起来，形成围绕自己的人脉网络，让自己从这个网中脱颖而出，站稳脚跟。

当然，在日常交际中，我们或许根本用不到特别高超的语言技巧。我们说话往往只是为了表达心声，为了说服别人或者为了让别人赞同自己，也就是说，对话并不仅仅是信息传递的手段，它还是一种心理支配上的、以拉近人际关系为目的的能力。我们只要掌握了“把话说到他人心里”的技巧，那就能很容易地说服别人，不仅能让对方接受自己的条件，按照自己的思路行事，还能让自己左右逢源，博得异性的青睐。善于说话的人不一定说得很多，但是，他每说的一句话都能够恰到好处。

想要掌握真正有用的说话技巧，把说话和心理学结合起来必不可少。

运用一些心理策略能够更快地达到有效地影响他人、把话说到他人心里的目的。那些善说的人能将话说到点子上，就是因为他能够通过语言来影响他人的心理，说出对方想听的，了解对方所担心的，清楚对方的顾虑。

本书是一本实用的说话技巧的教程，在这本书里，我们从各个方面展示“把话说到他人心里”的技巧，教会读者在面对不同的人、事、物时应该怎样说话，怎样把话说好。所谓“话不在多而在精”，把每一句话都说到对方心窝里，我们的人际关系才能更加圆融，希望读者朋友在本书的指导下，将这些技巧运用到实际社交中，在社交场上如鱼得水！

编著者

2021年1月

目录

第1章

语言藏魅力，会说入心话走遍天下都不怕

成事或坏事，一句话的事

2010年春节联欢晚会上郭冬临的小品《一句话的事》成为当年流行语大王，其中“一句话能成事，一句话也能坏事”一语迅速在网络和生活中蹿红，可见，人们对于说话的内容以及说话的方式是极为在意的。然而，从某种程度上来讲，有时候说话的方式比说话的内容更为重要。同样的内容，以不同的方式表达出来，产生的后果往往截然不同。

古人说：“一言可以兴邦，一言可以丧国。”说的也正是这个道理。有的人凭借三寸不烂之舌升官发财，有人却因为言语不慎招来杀身之祸，这样的事例，自古以来比比皆是。我们且来看一看明朝开国皇帝朱元璋的一则小故事。

朱元璋出身贫寒，小时候为了谋生，放过羊、做过和尚。但是他是个极为爱面子的人，当了皇帝后，对自己这段“不光彩”的经历极力掩盖，并将自己标榜成皇室之后、真命天子。

一天，一位儿时的伙伴到京求见朱元璋，朱元璋很想念旧时的朋友，于是立即召他觐见。那人一到大殿，立即跪行大礼，口中高呼万岁，说：“我主是否还记得当年咱们的英雄事迹？陛下亲征，微臣随驾扫荡庐州府，大破罐州城，汤元帅狼狈逃窜，陛下神武，拿住豆将军。红孩子挡道，多亏菜将军解危难！”

当时殿上的大臣不知他所说为何，只有朱元璋心领神会，明白他讲的是当年大家一起放牛时的情景，只不过那人说得含蓄动听，令朱元璋龙颜大悦。加上回忆起当年大家饥寒交迫、同甘共苦的日子，朱元璋不由动了真情，当即下令，重重封赏此人。

消息传出后，当年另一位一起放牛的伙伴也到京城，求见朱元璋。那人一到金銮殿，生怕朱元璋记不得自己，便高声提及往事：“皇上，您还记得当年我们一起放牛时的情景吗？有一次我们在芦苇荡里玩耍，偷了人家的豆子放在瓦罐里煮了吃。由于肚子太饿，豆子还没熟，大家就争抢起来，一不小心打破了瓦罐，汤洒了一地。还是万岁您机灵，马上趴在地上，抓起豆子往嘴里塞，结果不小心将地上的红草根卡在了喉咙里。最后还是我急中生智，叫您和着一把青菜吞下，才将那红草根带进肚里。”

此言一出，金銮殿上的大臣们面面相觑，而朱元璋则早已脸色铁青。那人正得意洋洋地环顾四周，等待朱元璋对自己的救命之恩重重奖赏，却不料只听得皇帝一声大喝：“哪里来的疯子，在这里胡言乱语！赶快拖出去砍了！”可怜那人还在做着发财的美梦，却稀里糊涂丢了脑袋。

同是旧时好友，一个升官发财，一个却丢了性命，迥然不同的命运实在令人唏嘘。其实两人所说的是同一件事，只是因为表达方式不同，结果却天差地别。难怪有人说：愚蠢的人用嘴说话，聪明的人用心说话，而智慧的人则用思想说话。

其实，说话不仅仅是一种行为，也是一门学问，更是一门艺术。说话方式的不同直接影响着你是否受到别人的欢迎，是否能够实现说话的目的，甚至直接影响着你事业与人生的成败。现代人将“口才、金钱与电脑”称为成功的三大法宝，而“口才”则位居第一，可见其重要性非同一般。的确，良好的口才与交际能力是现代人驾驭人生、改善生活、追求成功的无价之宝。拥有好口才不一定能成功，但拥有好口才一定可以增加你成功的概率，这是无可置疑的，因为好口才可以打动人心，而打动人心则是你成功的开端。

因此，说话要注意方式，更要讲究技巧，只有这样，才能成功地开启对方的心门。开口之前，先用脑子想一想，用心琢磨一下，要考虑他人的心情与感受。只有这样，才能在人与人之间架起沟通的桥梁，营造和谐的气氛，打造良好的人际关系。

该开口时别胆怯，敢于沟通才能成功

现实生活中，常常听到有人感叹“处世难”，其实原因无他，不过是他们不知如何巧妙地将口才智慧、社交技巧与处世谋略结合起来。有些人害怕说错话，害怕被误解，害怕被拒绝，因此便三缄其口、沉默不语。殊不知口才不仅仅是一种智慧、一种能力，更是一种生活的态度。当今社会，一个人若想获得成功，不可避免要与人打交道，要融入社会，要学会竞争与合作，而好的口才则是为你的成功保驾护航的重要法宝之一。可以毫不夸张地说，语言交流贯穿人们一切生活与工作过程，一个不善于沟通，不愿意和他人交流的人是很难成就自己的人生的；相反，一个勇敢无畏、敢于与人沟通的人则往往能获得人们的认同，因此也更容易获得成功。台湾保险业的“大姐大”、国泰人寿保险公司的高级顾问与精神标杆庄秀凤女士就是这样一个敢说敢做、该开口时就开口的自信女人，而正是因为她的主动与自信，她的事业才有了今天的辉煌。

庄秀凤原本只是一个内勤会计，因为要替父还债，所以才投身保险行业。她有一句名言：“只要是人不是鬼，都可以成为增员对象。”她利用一切机会为公司增员，真正实现了“人生何处不增员”的目标。

有一次，庄秀凤得知老人慈善基金会需要义工，就赶紧主动报了名。有人笑她，基金会的老人大多都七八十岁，最小的也五六十岁了，怎么可能成为增员的对象。但是庄秀凤却毫不在意地说：“有人的地方就有机会。”

果然，当得知基金会的理事长杨妈妈有一个女儿没有工作时，庄秀凤感觉机会来了。于是她马上追问：“那她现在做什么呢？”

杨妈妈回答：“她硕士毕业后，就嫁给了医院的院长，现在做少奶奶。”有人一听这话，或许便立刻打了退堂鼓：“请院长夫人做保险，这不是异想天开吗？”然而庄秀凤却并不这么想。她转而做起了杨妈妈的工作：“您想让您的女儿出来工作吗？”

杨妈妈有些为难地说：“我一直觉得她大学毕业，却没有发挥所长，很可惜。只是……她很难被说服哦。”

“没关系。只要您能介绍我和她认识就可以了。”庄秀凤自信地说。

且不论庄秀凤是如何凭借高超的技巧说服了院长夫人，使她成为保险业的一员，单就庄秀凤这份敢于开口的自信与勇敢，便值得众人敬佩与学习。开口或许会遭到拒绝，但最多只是遭遇一时的尴尬而已，但不开口则永远不可能获得成功的机会。

现实生活中，胆小怯懦、不敢与人沟通交流的人比比皆是。谨言慎行固然可以明哲保身，但孤僻、胆怯、很少与人沟通的做法则是不可取的。机会常常在你的缄默中悄悄溜走，与其羡慕他人的成功，不如勇敢地开口、主动去争取机会。一个好的工作岗位、一个钦慕已久的对象，都需要勇气主动地去追求、索取。不要害怕失败，没有尝试过，你怎么能知道等待你的是什么样的命运呢？

究其深层次的原因，不敢开口、害怕与人交流的人往往是因为缺乏自信。有的人或许表面上看起来清高，但实际上却有着十分消极的自我认知——他们认为在别人的眼里，自己是不可爱的、不受欢迎的，因此他们就会否定自己，进而在行为上表现得让人难以接近。假如你是这类人，就一定要鼓足勇气，鼓励自己，利用一切机会去与别人沟通、交流。渐渐地，你会发现，其实自己并不像你所想象得那么糟糕。随着喜欢你的人越来越多，你也会越来越自信；而这份自信，就是你战胜自我、创建良好人际关系的法宝。

抓住对方心理，增加成功说服概率

说话是人与人之间交流与沟通的主要方式，无论在生活还是工作中，我们总希望自己有足够好的口才能说服他人，让他人听从自己的建议，遵循自己的意见。然而，说服他人并不是一件简单的事，唯有掌握足够的技巧和方法，才能让自己的语言具有强大的说服力。而这些技巧中，最重要也是最有效的一条便是破解心灵密码，将话说到对方的心坎上，打开对方的心灵大门。只有这样，才能让他人心悦诚服地接受你的观点，心甘情愿地听从你的建议。

因此，掌握一点心理学知识，在人际交往中是十分必要的。它可以帮助你分析对方的性格与心理，帮助你了解人性、体察人心，从而令自己的语言更加具有魅力，同时令自己成为说服他人的“策略高手”。

美国著名的成功学教育家卡耐基曾经讲述过一件他的亲身经历：为了办培训班，卡耐基租用了纽约一家大饭店的礼堂作为教室。然而当一切准备工作都已就绪时，饭店的经理突然通知卡耐基，他必须出之前约定的三倍租金，否则合约就将被取消。后来，卡耐基经多方打听，才知道原来经理为了赚更多的钱，打算将礼堂出租给他人举办一场舞会。

怎么办？假如这时再换地方，肯定来不及；而如果出三倍的租金，卡耐基就将遭受巨大的损失。卡耐基左思右想之后，找到了饭店经理。

下面是卡耐基对饭店经理所说的一番话：

“我知道，作为一个饭店的经理，您的主要任务是尽可能地为饭店谋取更大的利益，所以您想将礼堂租给别人办舞会，因为这样您将获得更高的租金，对于这一点，我深表理解。”卡耐基的话令经理放松了戒备，缓和了情绪。“但是，”卡耐基话锋一转，接着说，“其实从长远来看，吃亏的不是我，而是您。”

看到经理惊讶地张大了嘴巴，卡耐基微微一笑，继续不慌不忙地说：“您知道，我租用您的礼堂办培训班，其实是在为您的饭店做免费广告。我知道，对于饭店来说，您当然希望吸引更多的顾客，尤其是具有实力的高级顾客。但是有一点您却忽视了，我所办的这个培训班，正是针对那些有文化的、上层社会的高级管理人员。这些人到您的饭店来参加培训，不就相当于您请他们免费参观吗？这可是千金难求的机会，是您无论花多少广告费也无法达到的效果哦！”

卡耐基的一番话令经理幡然醒悟。他很快改变了主意，接受了卡耐基的意见，决定继续将礼堂租给他，供他办培训班之用。

卡耐基不愧为说服他人的高手。其高明之处便在于他始终抓住对方的心理，站在对方的立场上看待问题、分析问题，从而圆满地解决了问题。可见，无论多难的问题，只要抓住对方的心理，洞悉对方的内心想法，就一定能够成功地说服他人。

在当今这个处处讲究抢占先机便能出奇制胜的现代社会，若想他人心悦诚服地认同你的观点，最好的办法莫过于巧妙地运用心理学的策略，将整件事情不着痕迹地引向自己想要的方向。无论是锦上添花也好，化干戈为玉帛也好，只要能洞悉人性、体察人心，就可以在复杂的人际交往中纵横驰骋，在社交场合中进退自如。

语言与心灵是相通的，所谓“言为心声”，说的便是这个道理。所以，在人际交往中注意学习心理学知识，将心理学知识运用在谈话中，便能破解说话对象的心灵密码，从而令自己的话语更加具有说服力。

与他人一见如故的聊天方法

在生活中有这样一些人：他们无论走到哪里，不管对方是什么样的年龄、职业、性格，都能与对方一见如故，很快打成一片。这样的人，无疑是受人欢迎的，也是令人羡慕的，因为他们有一种特殊的本领——自来熟。

其实，无论是朋友也好，同事也好，邻居也好，都是从陌生人转变而来的。在如今这个瞬息万变的社会，与陌生人打交道已成为不可避免之事。所谓陌生人，不过都是只要通过某些方式就可以结识和相知的人。只要足够勇敢、真诚，再加上一些必要的技巧，就一定能使你在与陌生人的交往中应对自如。

敢于同陌生人打交道是迈出人际交往的第一步，也是社会生存所必需的能力之一。俗话说：一回生，二回熟。陌生人之间蕴藏着丰富的人际关系资源，只要拥有开放的胸怀、自信的力量，你就一定能够拓展、编织自己的人脉。

真诚是与陌生人交往的基石。无论你多么的巧舌如簧，假如缺乏了真诚作为基础，那么再动听的言语、再高超的技巧都是苍白无力的。第一印象至关重要，好的开始是成功的一半，这句话用在人际交往上也是颠扑不破的真理。假如从一开口，你就能让对方感受到你的真诚与善意，那么他人就会更加乐意与你建立亲密、和谐的关系。

当然，除了勇敢和真诚，一些必要的技巧和手段则更能让你成为一个长袖善舞、受人欢迎的人际交往高手。事先了解对方的兴趣爱好，看准说话的时机，随机应变、适时调整，这些都是让你在与陌生人交谈时如鱼得水的方式方法。假如初次的会面就能让对方回味无穷，并期待下一次的交谈，那么你们成为朋友也就为时不远了。

1912年，富兰克林·罗斯福从非洲回到美国，准备参加总统竞选。有一次，他去参加一个宴会。因为他是美国前总统西奥多·罗斯福的堂弟，又是一位有名的律师，所以很多人都认识他，而他却并不认识对方，因此他明显感觉大家对他都很冷淡。怎么办呢？难道大家就这样沉默、尴尬地坐下去，直到宴会结束？罗斯福可不打算轻易放弃这个可以使自己获得更多支持的好机会，于是他灵机一动，很快找到了消除隔阂的办法。

罗斯福经过片刻的思索之后，轻声对坐在旁边的希尔伯特博士说："希尔伯特博士，请您告诉我一些有关那些客人的大致情况，好吗？"博士同意了，于是便将客人的一些基本情况一一讲给罗斯福听。罗斯福仔细地倾听并默记在心，当他心中有底后，就开始和那些客人们闲聊。在看似漫无目的的闲聊中，罗斯福对他们的性格、特点、爱好以及事业等又有了更深入的了解，这就能使双方的谈话更进一步。于是谈话进行得很愉快，在不知不觉中，罗斯福便成了他们的新朋友。

罗斯福无疑是深谙陌生人心理并且擅长谈话技巧的人。迅速消除双方的陌生感、走入他人内心世界的法宝便是初步了解对方，抓住对方感兴趣的话题，让对方感受到你的真诚与关心。试问谁会拒绝一个对自己真诚的人，又有谁会将一个关心自己的人拒之门外呢？

除了自己的兄弟姐妹，一切关系都是从零开始的，所有的人也都是从陌生人变为同事、朋友甚至知己的。从另一角度来讲，与陌生人交谈更能锻炼和提高自己的口才，培养人际沟通艺术。正如其他一切技能一样，与陌生人交往的技能也需要通过反复锻炼才能逐步提高。只要足够勇敢和真诚，并且有意识地运用沟通技巧来建立关系，你的人际交往水平就一定会日渐提高，从而拥有让人人都羡慕的本领——自来熟，与陌生人一见如故。

能言善辩者更容易有所成就

练就能说会道的本领，拥有能言善辩的口才，是每个现代人都渴望拥有的一张通行证，它可以让你的人际交往畅通无阻，令你的人生、事业更加辉煌。纵观古往今来成功的人士，大多都拥有这样一张通行证，如古罗马共和国末期的政治家西塞罗、美国总统林肯，以及新中国的第一任总理周恩来等。他们都以能言善辩而著称，也都留下了一个个脍炙人口的关于口才的小故事，至今成为年轻人崇拜和学习的偶像。

然而，能言善辩并非强词夺理，更不是无理取闹、胡搅蛮缠。把死马说成活马，把无理说成有理，看起来似乎占了上风，实际上却无法令人信服，反而会令人心生厌恶、敬而远之。正如朱自清所说：“所谓人情世故，一半是在说话里。”所以，做一个拥有好口才的人固然是每个渴望成功之人所追求的目标，但切记不可矫枉过正，一味追求强压他人一头，夸夸其谈，无理狡辩。

美国结束了长达5年的内战后，约翰·爱伦与陶克将军同时参加了国会议员席位的角逐。两人就地位和功勋来说，爱伦显然处于劣势，因为陶克将军是人人皆知的内战英雄。但是，在一次竞选演讲中，爱伦却巧妙地利用陶克将军的话作为自己的根基，发表了一场精彩的演说，进而获得了更高的支持率，一举扭转了败局。

陶克将军功勋卓著，他曾担任过三届国会议员，因此知道如何激起人民对他的信任和感激——那就是巧妙地运用自己骄人的战绩。在演讲中，他声情并茂地对选民们说道："同胞们，不知大家是否还记得17年前茶座山那一战？当时，我带兵与敌人激战几天几夜。每次奋战之后，我晚上便睡在山上的丛林中。假如列位依然记得那场艰苦卓绝的战斗，那么在选举时，请你们也想一想那些历尽艰辛、风餐露宿、为大家浴血奋战的人！"他的一席话令人们回忆起了那段艰苦卓绝的战事，博得了一阵阵的掌声。

接下来是爱伦进行演讲。论战功，他自然无法与陶克将军相提并论，但是他并没有驳斥和抹杀对方的战绩，也没有强词夺理，标榜自己的功勋。他只是巧妙地借助陶克将军"为他"打下的基础，顺势骑到了驴背上，借力使力，从而毫不费力地击败了对方。对于那次战争，他是这样说的："诸位也许不知道，我也参加了那次茶座山的战斗。但我那时不过是一个小兵而已。虽然我们是无名小卒，但冲锋陷阵是我，出生入死是我，当他在丛林中安睡时，为他站岗放哨、保卫安全的也是我……"

毋庸置疑，战士们比将军辛苦百倍，这一事实更符合人们的认知，也更能引起人们的情感共鸣。因此，爱伦的话深深打动了人们的心，人们也因此将更多的支持送给了他。在一阵比一阵热烈的掌声中，爱伦完美胜出。

当自己处于劣势时，不无理强辩，更不死缠烂打，而是用严谨的语言逻辑来进行辩论和驳斥，才能让对方心服口服，从而赢得真正的胜利。能言善辩是一种语言的智慧，学识渊博、据理力争、巧妙运用说话的技巧，才能真正做到“持之有故，言之成理”，也才能成为一个真正的能言善辩者。

能言善辩者令人敬服，而强词夺理者却遭人鄙视。自古以来，高明的辩论家们绝不会凭借诡辩来博取能言善辩的美名，而是用充沛的事实、强有力的理论依据来说服对方，令对方心悦诚服地接受自己的观点。我们不是说客，更不是辩士，与人交谈时，不一定非要用锋利的口舌来一争高下。只要用最简洁明了的语言说出自己的观点，言简意赅、直击重点，一样可以令他人信服，更能赢得他人的尊敬。

第 2 章

性感好嗓音，优美的发声让你的话语更动听

声音底气足，才能引起足够关注

在生活中，我们经常说某人说话没有底气，其声音就好像是一个大病初愈的人所说的话，声音很小，而且没有张力。偶尔，这里的底气可以理解为“信心”，也就是由于心理素质低才导致声音出现这样的情况，但并不是所有的情况都是如此。也就是说，某些人说话底气不足的原因在于其本人的声音问题，或许更明确地说是缺乏科学的发声练习所造成的。在平时的生活中，我们都喜欢听那些饱满圆润、悦耳动听的声音，而那些干瘪沙哑的声音则往往令人生厌。若是当众说话的场合，你更需要锻炼出一副好嗓子，练就一腔悦耳动听的声音，这才是你当众说话水平的必备条件。

在健康咨询室里，收到了这样一封信：

“医生，你好，我今年23岁了，是一位成年的男性。但我一直以来都被一个问题困扰着，我身边的朋友以及家人都说我说话有气无力，跟我的年龄很不符合。年轻人不应该都是朝气蓬勃、声音响亮的吗？但我的声音为什么会这样呢？就连我都觉得自己的声音很难听，十分沉闷，好像嗓子里有一层薄膜隔离在声带一样。

“我大学快毕业了，即将面临的就是工作问题。而对于任何一家公司或企业来说，一种好的精神面貌是很重要的。我本身性格外向，平时也很喜欢说话，但就是这声音听了让人恼火，我也知道这不是我刻意纠正就能改变的问题。因此，我想咨询，声音出现这样的问题到底是什么原因呢？是缺乏锻炼还是有病呢？我该如何努力才能纠正这样的声音状态呢？”

其实，无论是这样求职面试的年轻人，还是总是需要当众说话的公司职员，他们很关心的问题就是自己的声音听起来是否底气不足。若是缺乏底气，那么自然不容易引起别人的关注，你说破了嘴也没人会听，更别说会肯定你的说话水平。实际上对于案例中求助者的问题是能够被解决的，只要进行一段时间的语音训练，就可以有效地改善底气不足的现象。

通常在发音的时候，气息是声音的动力来源。也就是说相当多的、稳定的气息是发音的基础，在现实生活中有的人说话声音洪亮、持久、有力，而这样的情况就是说话“底气十足”；相反，有的人说话声音比较小，有气无力，或是上气不接下气，就好像蚊子嗡嗡叫一样，这样的人则显得底气不足。

在发音练习中，所谓的“底气”其实就是“中气”。之所以会出现这样的区别，除了身体素质的差别以外，还有就是气息技巧的问题，简而言之，就是呼吸和说话的配合、协调是否恰当的问题。

通常情况下，说话是在呼气时而不是在吸气时进行的，停顿才是在吸气时进行的。若是长时间的说话或演讲，那就必须要有比平时更强的呼吸循环。

在说话过程中，我们需要处理好说话和呼吸的关系，那就必须注意如下问题：

1.呼吸要尽量放松

在呼吸之间，需要尽量轻松自如，吸气要快速，呼气要缓慢、均匀，而且吸入的气量要适中，太多会让人喘不过气来，太少了又不够用。

2.说话的姿势有利于呼吸

不管是站着还是坐着，都需要抬头舒肩展背，胸部稍微向前倾，小腹内收，双脚并立平放。这样的站姿利于呼吸，你的发音部位，比如胸、腹、舌都处于一个良好的准备状态中。只有呼吸通畅了，你的发言才会更流利。

3.尽量在说话中自然停顿换气

说话过程中有自然的停顿，这时就应该自然地换气，不要说完了一长句话才大口吸气或呼气，这样说话很费劲。而且还要按照自己的气量来决定是否在那些较长句子的中间停顿，千万不要为了达到表达效果而勉强去做，这样只会适得其反。

练习腹式呼吸法，让你的声音更洪亮

在生活中，许多人抱怨自己声音很小，而且极不稳定，尽管自己已经觉得很大声说话了，但就是发不出声音，而且觉得自己的喉咙好像有什么东西堵着似的。总结这样的现象，就是感觉说话很费力，声音又传不远，而造成这样的现象的原因有两个：一是没有充分利用共鸣腔器官，二是气息不稳。通常我们发出的声音都是依靠两片声带振动而成的，这是很容易理解的，但是振动经过了咽、喉、口腔、鼻腔、胸腔等人体器官后被逐渐修饰、放大，形成了自己的声音，最终传到了别人的耳朵。当我们对着身边的人耳语时，声带没有振动，仅仅是气息的摩擦，也就发不出任何声音。如果你想让声音变得洪亮而平稳，仅仅凭借着声带的强烈振动，只会损伤声带。

小王的声音一直就很小，而且含糊不清，身边的人总是抱怨："小王，你就不能大声一点，说清楚一点吗？"小王对此也表示很无奈，声音本来就是这样，即便是自己用尽了全身的力气，声音还是大不起来。而且，稍微一用力，便觉得声带发紧，嗓音变得更小，嗓子也有些疼痛，到了医院检查，才发现声带充血了。

医生建议说："不要用力发声，否则会损伤你的声带。"小王无奈地摇摇头，自己是一个普通的推销员，每天必须当众说话，如果自己声音不够洪亮或者音量忽高忽低，这会影响到自己的业绩，这可如何是好呢？

难道就没有其他的方法了吗？现在流行一种腹式呼吸的发音方法，也就是让横膈膜上下移动。这是因为吸气时横膈膜会下降，并将脏器积压到下面，因此肚子会膨胀，这时胸腔没有膨胀。而在呼气时横膈膜会上升，这时可以进行深度呼吸，吐出很多积存在肺里的二氧化碳。呼吸本来是一种正常的生理现象，一呼一吸承载着生命的重量。科学家对此经过研究发现：人的肺平均有两个足球那么大，但大多数人在一生中却只使用了其中三分之一的能力。而腹式呼吸将会很好地将肺的作用充分地发挥出来，通过腹式呼吸，改善我们的声音状况。

腹式呼吸又分为顺呼吸和逆呼吸，顺呼吸就是指吸气时轻轻扩张腹肌，感觉舒服的时候，尽量地吸气，越深越好，等到呼气时再放松腹肌。逆呼吸则是吸气时轻轻地收缩腹肌，呼气时再慢慢地放松。呼吸只牵涉下腹部肌肉，也就是紧靠在肚脐下方的耻骨区。吸气时轻轻地收缩腹肌，呼气时慢慢放松，呼吸在这样的方式下变得很轻松，差不多只占据了一半肺容量。

腹式呼吸的具体方法是：让自己仰卧或保持舒适的冥想坐姿，全身放松。先用一段时间来观察自己的自然呼吸，然后右手放在腹部肚脐，左手放在胸部。吸气时，尽力地向外扩张腹部，胸部则保持不动；呼气时，尽量收缩腹部，胸部则保持不动。如此循环，保持每一次呼吸的节奏一致，你可以体会到腹部的一起一落。这个方法最重要的部分在于：每次呼气吸气都需要达到最大限度的量，吸到不能再吸，呼到不能再呼，若是每口气都能直达丹田那是再好不过了，这样你就能保持沉稳而洪亮的声音了。

其实，腹式呼吸的方法不仅能让我们的声音变得洪亮而平稳，而且还给我们的身体带来很多益处，比如扩大肺活量，减少肺部感染，以及改善腹部脏器的功能等。但在使用这种方法的时候，我们也还需要注意几个小问题：

1.呼吸气的技巧

呼吸要尽量深长而缓慢，用鼻子吸气，用嘴巴呼气。而且做完一个呼吸的动作大概在15秒左右，也就是深吸气差不多在3~5秒，屏息1秒，然后慢慢呼气，时间也是3~5秒，屏息1秒。每次的练习需要保持5~15分钟，当然，如果你能够坚持做到半个小时那是最好不过了。

2.以自己的身体量力而行

对于身体好的人来说，屏息的时间可以延长一些，呼吸节奏尽可能地缓慢；而对于身体差的人来说，就不必屏息了，但一定要尽力吸气。就这样每天练习一两次，坐着、躺着、走着，甚至跑着也可以练习，直到身体出汗为止。

过于尖利刺耳的音色需要及时矫正

在生活中，我们经常听到某些人的声音太尖锐，甚至刺耳，尤其是当他们提高嗓门的时候。如果是在公开场合说话出现这样的声音，虽然不能直接导致说话的失败，但或多或少会影响到你说话水平的发挥。这样的影响，就好像我们在调整话筒时发出的“吱—”这样的尖锐声音，这时可能所有在场的人都会自然地捂住自己的耳朵，而我们在说话中出现这样的声音也会产生同样的效果。当然，我们不可否认音色是天生的，可能我们不能完全改变这种状况，但还是可以通过一些方法来矫正这样的音色，让声音中尖锐刺耳的部分降到最低，让音色变得悦耳。

小美从小声音就不好听，远不如同龄小女孩声音那般清脆，而是有点尖尖的，若是突然提高嗓门，听起来还有点刺耳。因此，只要小美开始唱歌，妈妈就嗔怪：“就你那破嗓子，还唱歌呢，别唱了，我耳朵不行了。”

长大了，小美的声音还是那样尖锐刺耳，经常在与朋友或同事聊天的时候，一旦提高了声调，都会被责怪一句：“小美，你的声音太尖了，我的耳朵受不了。”这时小美就会微笑着沉默下来，不过当她一个人的时候，总是会为自己的声音而难过。因为素质不太好的音色，小美很少去唱歌，也很少在公众场合说话。

她自己也不知道该如何来改变这样的情况。

生活中常见的尖音，就是当家长提高嗓门唤小孩子发出的刺耳的声音。如果说话音尖，你的血管和肌腱就会像绳索一样凸起，下颚附近的肌肉也会紧张，这样的声音听起来就像是海鸥叫声一样尖锐，非常刺耳，若在说话过程中发出这样的声音，是极为不雅的。

尖音其实就是语音纯正的对立面，对于一些人来说，尖音程度有深浅，不过都应该努力克服，矫正音色中尖锐刺耳的部分。对于克服尖音，我们提供了以下几种方法，希望对你能有所帮助。

1.放松身心

尖音比鼻音还要难听，而克服尖音，首先就要努力减轻你的生理紧张，心理平静坦然，并放松你的下颚、舌头、嘴巴、声带。有时我们说话中突然冒出尖音，那是因为太过紧张的缘故，因此应放松全身，让自己的声音自然地发出来。

2.保持平稳的语调

大多数尖音的出现都是源于突然提高嗓门，因此，我们在说话时需要保持较为平稳的语调，不要突然提高嗓门，否则会很容易出现尖音。

3.通过语言学来修正尖音

我们可以从语言学入手，正确地发舌面音。纠正尖音，需要从根本着手，根本之处是让自己正确地掌握舌面音的发音部位以及发音方法。舌面音的发音部位是舌面的硬腭前部，但发音方法却是不一样的。比如发“J”时，舌面向前向上，向硬腭前部贴紧，舌尖下垂，然后突然将舌面放松，让气流很微弱地由窄缝中透出。

可以让咽喉发声更准确的耳语练声法

人类语言的声源是在声带上，我们的声音是通过气流振动声带而发出的。通常我们所说的“练声”是确实地发出声音：需要先放松声带，用一些轻缓的气流振动它，让声带有点准备，发一些轻而慢的声音，而不能张口大喊大叫，这样会损害声带。即便是声带活动开了，还需要在口腔上做一些准备工作。诸如这样的“练声方式”虽然可以帮助我们改善自己的声音状态，但是却容易吵到别人，或者练习时间太长，声带还是会很累。于是，人们致力于发现一种能让咽喉发声更准确的练声方法。

小琪是大三的学生，马上就要进行普通话测试了，但他还没做好准备。

之前在课堂上，老师就建议小琪需要多练声，努力让自己发音更准确一些。小琪当时根本不知道“练声”这个专业词汇，他花了一个晚上去搜索资料，才发现原来是这么回事。

以后，小琪天天晚上就抱着一本书在宿舍里练习，而且还拿着一面镜子，但嘴不见动，声音也没有。同寝室的同学觉得奇怪了，好奇地问道：“小琪，你这是在练声吗？咋听不到你朗诵或读书的声音呢？”小琪笑着回答说：“我就这是练声，绝对的名副其实。”同学看见他微微振动的喉结，笑了：“你这不是普通的默读嘛，搞得这样神秘。”小琪着急了：“我这还真是练声呢，不信你可以问问老师，这就是耳语练声法。”

案例中小琪所说的“耳语练声法”确实存在，这就是一种全新的练声方法，而且所产生的效果也是很不错的。相比传统的练声法，耳语发声练习有两个好处：不哑、不吵。不哑也就是即使你每天发疯地练习气息和吐字，但你的声音从来不会沙哑，因为你只是用了气而没用嗓子，声带不累，声音自然不会嘶哑，这就相当于用咽喉发出最准确的声音。而在使用传统的练声方法时，若方法不当则很容易造成嗓子嘶哑。不吵，耳语就相当于说悄悄话，你根本不用发出声音就练习了吐字，随时随地都可以练，却不用担心这样会吵到别人。而若是传统的练声方法，你肯定要寻找一个没有人的地方，你练习的时间、地点都受到了限制。

耳语练声方法打破了传统练声的原则，在耳语练习中，你可以将练气、练声、练眼神、练语言密切结合起来，可以同时实现多个目的。当然，在耳语练习中，需要的条件是：面带微笑、手势训练、对着镜子练习。你可以先试着用耳语练习，体会与传统练声法的不同之处，比如练习绕口令：“天上七颗星，地上七块冰，台上七盏灯，树上七只莺，墙上七枚钉；吭唷吭唷拔脱七枚钉；喔嘘喔嘘赶走七只莺，乒乒乓乓踏坏七块冰，一阵风来吹灭七盏灯，一片乌云遮掉七颗星。”假如采用传统的练声法，可能你会紧皱眉头，咬紧牙关练习，如此的结果是声音很喑哑，而且咬字不清楚。如果试着用耳语练声法，则是面带微笑，如此的效果是气息通畅，吐字轻巧。

可能，许多人对面带微笑进行耳语练声很疑惑，为什么一定要面带微笑呢？

1.吐字更轻松

俗话说：“笨嘴拙舌。”意思就是舌根太紧，太僵硬，转不过弯来，才说不好话。而当你微笑的时候，你的舌根自然就放松了。比如你在说“早上好”时，面带微笑，舌头自然放松，舌根往后缩，马上就能用舌头灵巧地说话，如此吐字更轻松、更清晰。

2.气息更容易汇聚丹田

微笑和气息是反向运动，微笑时，肌肉会向上拉，而气息则会下沉丹田。比如你说“早上好”时，若是面带微笑，嘴角上扬，眼睛里含有笑意，肌肉放松，整个气息就沉下去了。这时你的肌肉放松了，肩也松了，胸也放松了。如果你面无表情地说，那你的气息是很浅的，因为你紧张时气息被锁住了，不容易沉下去。

3.声音更动听

一个人要想声音动听，就应该共鸣好。而只有口腔扩大，才会有共鸣的声音。而当你微笑的时候，你的口腔就打开了，声音有了共鸣，圆润了，自然就动听了。但当你面无表情的时候，或者愁眉苦脸，你的口腔很小，声音自然没有共鸣，也不悦耳。

说话抑扬顿挫，听起来才能清晰入耳

在生活中，当众说话大多都是凭借有声语言来达到交流的目的，而语言表达则主要在于语音。有声语言借助语音的细微变化、语调语气以及停顿等一系列表达形式，使言语表达更加准确、自然，同时还具备抑扬顿挫的音乐感，就像一个技艺高超的琴师，弹奏出悦耳动听的音乐，体现出语言的音律美与和谐美。有人说话比较注重声音的高低起伏、停顿转折，并且节奏分明，自己说起来朗朗上口，听众听起来也觉得悦耳动听。其实，要想达到这样的目的，需要我们有效地掌握抑扬顿挫的语言表达技巧，使自己的讲话听起来悦耳动听、抑扬顿挫。

在当众说话的时候，抑扬顿挫地讲话可以增强口语表达的感染力，从而达到吸引听众的目的，如果说话者总是使用一成不变的语调则很容易让听众觉得乏味。要想使说话变得抑扬顿挫，极富音乐美感，其中的秘诀是有章可循的。我们在说话时要善于抓住句子的重点来强调自己所要表达的思想感情，适当的时候运用重音。在正式的语言表达中，灵活应用重音可以增强个人语言表达的感染力，表明了话语中的轻重之分，从而达到了抑扬顿挫的语言效果。

某领导在开幕式上讲了这样一段话，可以看看其语调的变化。

女士们、先生们、同志们：（声音洪亮、饱满）

早上好！由马来西亚××有限公司主办，中国××协会与我们分会所属的××公司承办的“中国国际××展销会”今天在这里开幕了。（停顿，中气十足，声音较高，着重强调此次活动的重要性）我谨代表中国国际贸易促进委员会××市分会、中国国际商会××分会表示热烈祝贺！向前来展销的西班牙、比利时、中国台湾及香港地区以及我国各省的中外厂商表示热烈的欢迎！（声音洪亮，稍作停顿）

本届展览会将集中展示具有国际水准的各类××产品及生产设备，为来自全国各地的科技人员提供一次不出国的学习机会；同时，也为海内外同行共同切磋技艺创造了条件。（声音逐渐变得平稳下来，有条不紊，逻辑停顿）

朋友们、同志们，××市是中国最重要的工业基地之一，作为长江流域乃至全国对外开放的重要窗口，将实行全方位的开放。（停顿）我国政府已将××的开发、开放列为中国今后10年发展的重点，××大桥的正式通车，

将标志着 ×× 新区的开发已经进入实质性的启动阶段。×× 市将进一步改善投资环境，扩大与各国各地区的合作领域。（停顿）我真诚地欢迎各位展商到 ×× 的开发区和 ×× 新区参观，寻求贸易和投资机会，寻找合作伙伴。作为 ×× 市的对外商会——中国国际贸易促进会 ×× 市分会将为各位朋友提供卓有成效的服务。（稍作停顿，语调平稳）

最后，预祝“中国国际 ×× 展销会”圆满成功！感谢大家！（声音洪亮、饱满，对此次开幕活动提出良好的展望）

这篇讲话稿虽然水平很一般，但加上领导那抑扬顿挫的语调，整个会场爆发出了雷鸣般的掌声。整个讲话过程中，层次分明，结构严谨，思路清晰，语言简洁而充实，语调可谓是“抑扬顿挫”，既体现了观点，又表达了要求，态度明确，观点鲜明，对展销会的举办有明显的导向作用。

那如何才能使自己的说话变得抑扬顿挫呢？

1.注意重音

在当众说话时，我们经常会运用到重音，重音在生活中必不可少。比如，“这篇文章的大意是什么”这句话，“大意”就是“大概”的意思，如果你在朗读的时候，把“意”轻念，那就会让听众认为是“粗心”的意思。

所以，重音不但能使声音高低起伏不断，而且还具有区别词意的作用，读重读轻表达的意思不一样。重音可分为三种：语法重音，比如某个字它本来就应该重读，而当它在某个句子里的时候，就应该读出重音来；逻辑重音，在公开说话时，肯定有一部分的内容是比较重要的，这时候就需要根据说话的内容和重点自己确定重音的读法；感情重音，感情重音是为了表达强烈的感情或细微的心理。

2.适当停顿

在进行当众说话时，不仅要让你的声音有高低起伏的音乐感变化，还需要停顿转折的回旋变化，这样才能使你的讲话听起来抑扬顿挫、悦耳动听。总的来说，停顿主要分四种，即语法停顿、逻辑停顿、感情停顿、特殊停顿。

除此之外，还需要我们在当众说话的时候，把一些书面上的停顿快速连接起来，那就需要一定的连接力了。也就是，将书面上标有停顿的地方快速连起来，需要不换气、不偷气，一气呵成，如此说话可以渲染现场气氛，增强语言的气势。

掌握好说话停顿的时机，让你的言语更吸引人

通常在说话过程中，为了考虑到听众的接受度，让听众有较多的时间消化自己想传递的信息，同时也需要时间给自己控制节奏、理清思路、观察反馈。当然，这样的停顿时间是较短的，否则就会造成说话啰唆的现象，在停顿时需要保持一定的连贯性。话语的停顿主要基于两方面的需求，一方面是相信没有任何一个人能憋足一口气将所有的内容都说完，他需要喘息的时间，或者喝水的时间。如果使用声带的时间过长，会造成声音沙哑，甚至上气不接下气，声音也会变得越来越弱；另一方面是因为语言本身需要停顿，诸如语法、逻辑、感情，还有一些特殊停顿，这都是需要的，否则那将不会成为句子，说话者既没有能力说下去，下面的听众也无法听明白。

美国前总统林肯在说话时有个习惯就是适当地停顿，当他说到某个重要的问题，而且希望这些内容能在听众的脑海中留下非常深刻的印象时，他的身子会向前倾，注视着听众的眼睛，大概会停顿一分钟的时间，他一句话也不说。就好像突然而来的嘈杂声音，这种突然而来的沉默，也可以吸引人们的注意力。这样的停顿，会让每一个坐在台下的听众都竖起耳朵，十分专注地听对方接下来会说些什么内容。当然，恰到好处的停顿会让你的声音发挥出较好的水平，如果是牵强的停顿，则会对你的声音产生不利的影响。

众所周知，林肯与法官道格拉斯曾进行过一次辩论赛，当时所有的情况都表明林肯即将面临失败。对此，林肯自己也感到十分沮丧，一直以来跟随

而来的疾病折磨着自己，这让他的说话增添了一些感人的氛围。

最后一次辩说词中，林肯突然停顿了下来，他差不多站立了一分多钟，看着台下坐着的有些是朋友，还有一些是完全陌生的面孔。他那深陷下去的忧郁眼睛就像平时一样，似乎满含着快要流下的泪水。他将双手紧紧地握在一起，好像它们太疲劳了，已经没有力气来应付这场战争。

然后，林肯以自己独特的声音说道："朋友们，不管是道格拉斯法官或我自己被选入美国参议院，都是无关紧要的，一点关系也没有。我们今天向你们提出的这个重大问题才是最重要的，远胜过任何个人的利益和任何人的政治前途，朋友们。"说到这里，他再次停了下来，台下的听众屏住了呼吸，唯恐漏掉了一个字。"即使在道格拉斯法官和我自己的那根可怜、脆弱、无用的舌头已经安息在坟墓中时，这个问题仍将继续存在、呼吸及燃烧。"当林肯说完之后，全场寂静了一秒钟，然后爆发出雷鸣般的掌声，甚至有的听众还情不自禁地擦起了眼泪。

林肯在这段话语中的停顿有什么作用呢？我们似乎可以从他的自传中找到答案，一位曾替林肯写自传的作者写道："这些简单的话语，以及他当时的演说态度，深深地打动了每个人的心。"确实，适当的停顿，不仅能够让我们的嗓子暂时获得休息，而且还能够增强语言的表达力。

当然，说话时的停顿，是一种需要掌握好的技巧。恰当的停顿不但可以让说话层次分明，突出话语重心，吸引听众的注意力，而且还能够前后照应。有条理的说话才具有一定的说服力以及逻辑性，才能达到彻底征服听众的目的。如果缺乏应有的停顿，一直不停地说下去，就会让人有急促感，也表达不出说话者的感情和力度。

在实际说话中，我们该如何掌握停顿，以至于让声音发挥出最好的素质呢？在这里，我们列举了最常见的几种停顿。

1.逻辑停顿

著名专家说：如果没有逻辑停顿的语言是文体不通的话，那么没有心理停顿的语言是没有生命的。逻辑停顿是一个句子中需要被强调的停顿，是一种表达感情的需要。

2.特殊停顿

特殊停顿是为了加强某种特殊效果或应付某种需要所作的停顿。停顿的表现力主要有四个方面：变含糊为清晰；变平淡为突出；变平直为起伏；变松散为整齐。

有些排比句通过停顿变得很美，节奏很好，要声断、气不断、情不断。要重复强调的是停顿不是中断，只是声音的消失，它的气流与感情是绝对连起来的，有停就有连，而且某种激烈、紧张的情况下需要连接。

3.语法停顿

语法停顿又叫自然停顿，一个词中间是不能停顿的。另外，从语法上说，在中心语与附加语之间会有一个小小的停顿，一篇讲话稿中用标点符号表示的地方要停顿，不同的标点符号，停的时间长短不一样，它们停顿的时间是：句号（包括问号、感叹号）＞分号＞冒号＞逗号＞顿号，从结构上，是段落＞层次＞句子。

4.感情停顿

感情停顿又叫心理停顿，逻辑停顿为理智服务，感情停顿为感情服务，是为表示一种微妙和复杂的心理感受而作的停顿。

第3章

说话有气场：锻造属于自己的语言气质

从说话可以看出一个人的气质

一个人的气质体现在平日里的举手投足和言行之中。一个人气质的好坏，能够直接影响到别人对自己的评价。比如在生活中，有些人说话口若悬河，侃侃而谈，却并没有得到别人的认可，甚至还会引起厌烦的情绪，从而让别人与他拉开距离，这种现象的产生很可能和他的气质有关系。而那些平日里很少说话的人，却能得到大家的爱戴，感到心情愉快，这就是那种“君子不言，言必有中”的做事风格表现出的优秀气质而散发出的魅力所产生的良好效果。

周恩来总理是家喻户晓的人物，他有着一种独特的领袖气质。只要是出现他的场合，人们的心里都会产生一阵暖流，愿意主动地去听他的讲话或者是向他倾吐心声。周恩来总理风趣幽默的言谈、慈祥和蔼的笑容在无形之中形成一个巨大的磁场，深深地吸引着人们。这就是气质的原因，那种亲切中的威严是通过口中的每一个字、每一段话表现出来的。

在生活中，不同的人有着截然不同的气质。有的人精神十足、表情自然，谈吐滔滔不绝，得到了众人的喜爱和追捧；而有些人则是表情紧张、语无伦次，让人心生嘲笑和轻视态度；还有的人谈话也有着自然的表情和滔滔不绝的语势，但是因为胸无点墨或者过多地以自我为中心，让人产生厌恶的情绪。不同的气质产生不同的说话方式和词汇，在交际场合以及事业上所取得的成就也是不可同日而语的。

1931年，王若飞因被叛徒出卖而被捕。敌人把他和一个江洋大盗关押在一起。这个江洋大盗做过旧军阀的排长，入狱之后横行霸道，人人忌惮，称呼他为“张排长”。

两个人终于见面了。张排长的口气中带有傲慢和挑衅：“早就听说你的大名，但是现在咱们同处一室，俗话说‘一山不容二虎’，你说咱们两个谁坐这第一把交椅呀？”王若飞并没有因为对方的无礼而恼怒，而是谦和地说：“说我是老虎未免太抬举我了，我充其量不过是一头笨牛而已呀。”

张排长对王若飞的回答感到很惊讶，同时，也放松了许多，说：“你也太谦虚了吧，你不是只虎，他们能那么害怕你？”

王若飞依然摇头，说道：“您是一只真正的老虎，还是让我做头牛吧。”

张排长更加疑惑了：“你们共产党人打仗的时候没有一个后退的，个个都像是刚从山上下来的猛虎一样，怎么会是‘笨牛’呢？”

王若飞继续心平气和地解释说：“对于敌人来说我们的确是猛虎，但是我们共产党人的目的是为人民服务。对于人民来说，我们就是一头被驯服的老实勤恳、做事从不讲价钱的牛!”

张排长说：“照你这么说，我觉得我也是共产党员了。你们打土豪、分田地，我是杀富济贫、替天行道，但是为什么很多人却说我是江湖草莽，只会打家劫舍呢？”

王若飞解释说：“我们的形式可能有些相似的地方，但是目的确实不一样。共产党人是为了推翻这个不合理的社会制度，让人们都能翻身当家做主人，重点不是眼前的一顿饱饭，而是子子孙孙的幸福。”

张排长彻底折服了，向王若飞拱手说道：“尽管兄弟是个粗人，但是现在了解了共产党的真实目的，对你十分的佩服。日后若有需要的地方，我定能肝脑涂地。如果你不嫌弃的话，我们交个朋友怎么样？”

王若飞轻轻的几句话就表现出了他自谦随和的气质，从而让江洋大盗为之折服，并和他成为了好朋友。王若飞的气质自然要表现在他的行为举止当中，不过更重要的却是体现在他温文尔雅循循善诱的说话方式当中。我们从中不难发现，一个人的气质好不好，张口之间就能够让人一目了然。

一个人的外貌固然和气质有着一定的联系，但却起不到决定性的作用。真正的个人气质需要通过以形体动作、面部表情为修饰的言谈来展示。换句话说，把话说到点子上就是，一切的表情和举止，都是口才的铺垫。一副好的口才未必代表迷人的气质，但具有迷人气质的人，必定会有一副好口才。

每个人都有着不同的生活环境、社会经历以及性格特征。在交往的过程中，人们都希望给别人留下温和善良、学识渊博、风趣幽默、心胸宽广等不同的形象。这种形象所表现的就是气质，高贵的气质是每一个人都希望拥有的。气质的体现包括仪表堂堂、情感丰富、思维敏捷等，而最重要、最直接的则是流畅、文雅、得体的言谈。对于每一个人来说，不仅要在平常的生活中注意服装仪表，更要在说话上下一番功夫，通过好口才来为气质做广告。

说得漂亮比长得漂亮更重要

爱美之心人皆有之，拥有出色外表的人能给别人带来眼睛的愉悦和心灵的欢乐。但是，有些人却过分地依赖上天的偏爱，在和朋友的交往中，以美貌为资本，自认为是上帝的宠儿，不去进行必要的学习和积累，在谈话中，不注意谈话的对象和心情，完全按照自己的意愿来行事，或者是在说话的时候口不择言，带有很大的火药味，让人听了，有一种被噪声污染的感觉，从而对他产生了很大的意见，最终造成了交际的失败。

眼睛可以接受漂亮的外衣，但是向心灵传递信息的耳朵却是不识五色的，不会欣赏华美的外衣，对不合时宜的言谈承受力有一定的忍受限度。当一个人的外表和语言不成正比的时候，给人的印象就会大打折扣，形成巨大的反差，以至于大家将来遇见你时会绕道而行，甚至视而不见，再没有心情欣赏你那精致的五官和考究的服装。

一个人的形象固然是十分重要的，但是这种先天性的东西往往是可遇不可求的，因此才有了天生丽质的成语。而口才则不一样，它是经过后天长期不懈的努力才得以形成的。口才对于每一个人都是公平的，能够拥有好口才的条件不是机遇和幸运，而是一个人的追求动力。拥有好口才的人，能够恰如其分地表达自己的思想，和别人进行有效的沟通，哪怕是批评的话让人听来都感觉是在欣赏一首典雅的音乐。会说话的人，能够在各种各样的交际场合中如鱼得水，获得较高的声望，那种后天形成的人格魅力也会给自己带来一个交际的磁场，深深地吸引着别人主动地和你交流攀谈，从而在事业上无往而不胜。

著名相声演员马季在烟台参加演出的时候，当地的各大媒体都想采访一下这位相声界的泰斗。记者们接踵而至，纷纷敲响马季下榻宾馆的房门。但是，生性喜欢安静的马季，对接受采访感到有些厌倦，婉言谢绝了那些兴奋不已的记者们。那些记者乘兴而来，却吃了一个闭门羹，只好扫兴而归。这时，有一个爱好相声的女记者再次叩响了马季的房门，说："马季先生，我是一个相声迷，我对如今的相声表演有一些自己的看法，想和您交流一下……"马季先生一听，对她产生了兴趣，觉得这也是宣传一下相声的好机会，便十分热情地接待了她。两个人在一起高兴地谈论了几个小时，最后都有一种言犹未尽相见恨晚的感觉。这位记者以她和对方对相声的爱好为契机，巧妙地打开了马季先生的"话匣子"，圆满地完成了采访的任务。

好口才的背后是丰富完善的知识系统，表现出对语言正确合理的运用，体现着一个人的魅力，这种魅力能够让人通过听觉而产生美好的印象，感染和吸引着对方，从而在不自觉中让对方的思维和你的语言融会在一起。

有一位女施主，有着漂亮的容貌，较高的社会地位，富裕的生活条件，但是却郁郁寡欢，连一个可以倾心交谈的人都没有。无奈之下，只好去请教悟静禅师，询问提升个人魅力，赢得别人欢迎的办法。

悟静禅师对她说："要想和别人和谐相处，就应该怀有一颗佛心，有慈悲胸怀，讲些禅话，听些禅音，做些禅事，用些禅心，这样你就会散发出无限的魅力了。"

女施主有些迷惑，问道："别的我能懂，但是禅话该如何去说呢？"

悟静禅师道："禅话，就是说欢喜的话，说真实的话，说谦虚的话，说利人的话。"

女施主听后，深深受到了启发，向大师道谢之后就回去了。回到家里，她一改从前的傲气，在人前不再夸耀自己的财富，不再自恃自己的美丽，对人谦恭有礼，说起话来不再颐指气使，而是十分的和善，因此得到了别人的喜欢和爱戴，被朋友们称赞为"最具魅力的施主"。

漂亮的外表并不是美丽的全部含义，很多情况下，美丽是和漂亮没有任何关系的。有些人或许姿色平平，在茫茫人海之中并无多少出色之处，但是和他进行一场对话，就像饮下一杯美酒，有种飘飘然的陶醉感，很自然地就会对他高看一眼。至于那些金玉其外败絮其中的人，在了解之后，就再也没有了所谓"赏心悦目"的雅兴。

会说话的人赞美别人的时候会让人感到如沐春风，能把尖锐的批评变得悦耳动听，懂得什么场合说什么样的话，该直言相告时绝不掩饰，该温柔婉转时也绝不会直冲冲的。在出现冷场的时候，会说话的人能够以三言两语重新制造热闹和谐的气氛，在发生冲突的时候能够用三寸不烂之舌化干戈为玉帛。拥有好口才的人，会因为美丽的语言而散发出耀眼的光彩，让那些徒有其表的人望尘莫及。

话语生香需要内在有足够的底蕴

杜甫有诗云："读书破万卷，下笔如有神。"意思是说，只有通过不断的知识积累才能够笔下有物，不至于词语枯竭、思维阻塞。其实说话和写文章属于同样的道理，两者只是口述与用笔的不同罢了。目不识丁的人脱离了文学知识的修养，便不会有舌灿莲花的口才，一切只能是幻想而已。缺少知识，就不会对事物有一个正确的见解，自己尚且迷惑，更没有可能去表达或者去说服他人了。

中国讲究“道”和“术”的区别，“道”是原理和原则，“术”是指技巧和方法，前者通过后者来表达，后者为前者所服务。因此，在说话中，我们虽然强调一定的技巧性，但更重要的是加强对知识的掌握。一味地追求技巧，就会酿成舍本逐末的悲剧，只有掌握了知识才会成为真正的有才之人。古人说“腹有诗书气自华”，正是这个道理。没有知识修养的人，无论有着多么高的社会地位，在讲话之中都会留下笑柄。

民国时期的韩复榘出身旧军阀，是一个目不识丁的草莽之徒，在担任山东省政府主席期间，留下了许多笑话。有一次，齐鲁大学邀请他参加校庆典礼。他在主席台上发表了一通讲话，让全校师生狂笑不已。

他这样说道：“大学生、二学生、三学生们：今天是什么天气？今天是演讲的天气。开会的人来齐了没有？没来的请举手！很好，都到齐了，你们来得很茂盛，敝人也实在感冒……今天兄弟召集大家，来训一训，兄弟有说得不对的地方，大家应互相谅解，因为兄弟和大家比不了。你们是文化人，你们这些乌合之众，是学科学的、学化学的，都懂七、八国的英文，兄弟我是个大老粗，连中国的英文也不懂……你们是从笔筒里钻出来，今天到这里来讲话，真使我蓬荜生辉，感恩戴德。对你们讲话是没有资格的，就像是对牛弹琴。”

台下的学生们听了都差点笑岔气，接着韩主席又唾沫星子乱飞地说：“今天我主要是讲蒋委员长的三个纲目，蒋委员长在提倡新生活运动，兄弟我自然是要举双手赞成的，但是有一点我就闹不明白‘行人靠右边走’，那么，留着左边的路给谁走呀？还有一件事，让兄弟感到很气愤，北平东交民巷有很多洋鬼子的大使馆，却偏偏没有我们中国的，在中国的地方竟然没有中国的大使馆，岂不是表明我们中国太软弱了吗？因此，我建议建一座中国的大使馆。”

接下来又提到了齐鲁大学的办学条件，他说：“咱们这些大学生们的生活实在是太苦了，条件也简单了点，我经常见十几个人大热天的穿着裤衩在抢一个篮球，实在是太不雅观了，我们虽然穷，但是几个球还是有的，明天就让财政厅给你们送一笔钱来，多买几个球，一人一个岂不更好，免得为了争一个球而伤了大家的和气！”

等到韩复榘讲话完毕，被前呼后拥地退出主席台后，全校学生终于忍不住开怀大笑起来，尽情地嘲笑这个不学无术的家伙。

韩复榘本来想通过这场讲话来塑造一个亲民的形象，也想向学生表现一下自己的学识和思想，最终却因为胸无点墨而闹出了大笑话。

俗话说“言为心声”，一个人的声音是学识和修养的综合体现。一个人口才好与否，并不取决于他的出发点，也不取决于他的表达技巧，而是由这个人的学识和修养来决定的。

唐代大诗人王维有一天感到身体不适，就来到一家药店抓药。他来到店内，看到柜台内坐着一位漂亮的年轻姑娘，于是就想趁机考验一下她的才气。那位姑娘问王维抓什么药，王维回答说：“我买宴罢客何为？”姑娘听了，笑道：“宴罢酒酣客‘当归’，请问先生要几钱？”王维又说：“姑娘稍等，我二买黑夜不迷途。”“夜不迷途须‘熟地’，此药本店多的是。”王维依然没有作罢，继续说道：“三买艳阳牡丹妹。”“牡丹妹是‘芍药’红，芍药昨日方到，还是新鲜的。”“四买出征在万里。”“万里出征是‘远志’。”“五买百年美貂裘。”“百年貂裘是‘陈皮’。”“六买八月花吐蕊。”“秋花朵朵点‘桂枝’。”“七买蝴蝶穿花飞。”“‘香附’蝴蝶双双飞。”王维听罢，大喜，连连称赞这位姑娘：“实在是太妙了，我甘拜下风。”

王维用诗来告诉姑娘自己需要的药品。姑娘见招拆招，以诗还诗，让王维见证了她的聪明伶俐和才思敏捷。这位少女的好口才和她聪慧过人的头脑有很大关系，更和她平日里的文化修养有着直接的联系。如果这位姑娘目不识丁，即使天资聪颖，恐怕也说不出这番生香的妙语来。

我们要想成为一个会说话的人，不仅要有敏锐的观察能力和思考能力，掌握一定的说话技巧，还要全面提升自身的文化修养。只有有了底蕴，才能够说出一些典雅的话语来。正所谓“内有底蕴才能话语生香”。

好口才让你拥有比外表更吸引人的魅力

我们有时候会因为自身的外在缺陷而苦恼，比如平凡的相貌，普通的出身，不高的学历等。但是，假如拥有一副好的口才，这些缺点和不足就会变得微不足道了，而且，这些缺陷还会转化为个人的一种优势。我们经常可以见到衣着简朴相貌平平的人能够成为交际场合的重点，吸引着人们的目光，促成这种魅力的生成，口才是唯一的原因。好的思想，会通过优美的句子、得体的句式、完美的音质而传达出来，让人们有着美的享受和感悟。

王猛是东晋时期北海人，从小好学，才能非凡，胸怀大志，不屑于琐碎事务，因此，人们都很轻视他。王猛却并不介意，悠然自得地隐居于华阴山下。后来，东晋大将桓温北伐，打到了华山脚下。王猛便披着粗布衣服去拜访他，边摸着虱子边谈论当时的大事，旁若无人。别人都很讨厌这个其貌不扬而又脏兮兮的家伙，纷纷表示要杀了他。但是桓温觉得他与众不同，便问道：“我奉天子之命，统帅十万精兵为百姓消灭残存的寇贼，然而三秦的豪杰之士至今没有人前来归附，这是为什么呢？”王猛说：“您不远数千里，深入敌土，如今长安近在咫尺而您却不横渡灞水，百姓们不知道您的意图，所以不来。”桓温沉默不语，说不出话来，过了一会儿说：“长江以南没有人能够比得上您的才能！”于是就安排王猛暂任军谋祭酒。后来，桓温邀请王猛一同南下回晋，但是考虑到江南的世家大族把持朝政的现实，王猛拒绝了。之后，寻找机会，他投奔到了前秦苻坚帐下。

苻坚在和王猛进行一番交谈之后很是高兴，感慨地说：“我遇见你，就像是刘玄德遇见诸葛孔明了！”就任命他做京兆尹。

前秦的社会局面并不平静，氐族贵族豪强飞扬跋扈，从上到下形成了一股强大的社会势力，危害极大。当时都城长安的氐族豪强，因为是跟随苻坚出生入死的旧人，自认为功劳很大，不把王猛放在眼里，横行霸道无法无天，鱼肉乡里。王猛到任之后，就把那些为非作歹的贵族们绳之以法，处以极刑。豪强们愤怒了，联名上书告他滥杀无辜，要求惩治王猛，因为朝廷一些官员的袒护，王猛被抓，打入大牢。

苻坚对王猛的行事方式也感到不满，认为王猛这是在动摇前秦国的国本。他决定亲自审讯王猛。他怒气冲冲地对王猛说：“处理政务的根本是要把德化放在首位，而你上任不久就滥杀无辜，这也太残酷了！现在民怨沸腾，我看你还有何话说！”此时王猛如果低头承认错误的话，说不定就会人头落地，最好的结局也不过是免去官职，放归乡里，让那些世家大族看笑话。因此，他坚决不肯承认自己的做法是错误的，理直气壮地对苻坚说：“臣听说国家安定的时候实行礼治，国家混乱的时候就要实行法治，陛下不嫌弃我，派我去治理混乱的地方，为陛下剪除歹徒。如今我才杀了一个奸吏，该杀的还有很多。陛下如果责备我不能杀尽那些坏人，我甘受法律制裁；但如果加以酷政的罪名，我实在不能接受。”苻坚听后，怒气全失，明白了王猛的苦心，感动之余就把王猛放了，并且官复原职。后来，他在朝堂上对大臣们说：“王猛就是我的管仲啊。”

王猛长相丑陋，做事又容易得罪人，但是他却通过口才弥补了这些缺陷，先后获得了桓温和苻坚的欣赏和信任。他以口才为敲门砖，开创了一番人生事业，成为了一个流芳千古的人物。有很多人渴望得到别人的欣赏，但是却有一种很大的自卑心理在作怪，他们觉得自己是一个出身平凡、相貌平平、笨嘴拙舌的无能之辈，没有资格在交际场合中和别人打交道。这种想法是要不得的，如果你自己都看不起自己，还有谁能够重视你的存在呢？每个人都会存在着一些先天或者是后天的缺陷，但是我们应该学会扬长避短，用语言来弥补这些缺陷，让口才为自己挣得印象分。

唐朝宰相杜佑巡游江南的时候，拒绝接见任何人。但是有一位叫张祜的书生却偏不信邪，一心想结识他。张祜写了一个署名叫作“钓鳌客”的名帖让人送给杜佑。杜佑看到之后，觉得很奇怪，就破例召见了他。

杜佑问张祜道：“你自称钓鳌客，那么请你告诉我，你用什么东西做钓竿呢？”张祜回答说：“用长虹!”杜佑又问：“那么钓钩又是什么呢？”张祜说：“用新月！”杜佑再问：“用什么作钓饵呢？”张祜向他深深地做了一个长揖，说道：“用我作钓饵，当然就能钓到鳌鱼了!”杜佑听后抚掌大笑，对这个年轻后生刮目相看，于是就高兴地命手下人设宴款待他。

一人之下万人之上的宰相和一个青衣秀才的距离何止是十万八千里，别说是结交，哪怕是能够看上当朝宰相一眼也是三生有幸。张祜却用短短的几句话让杜佑迅速地认同了他，并和他成了忘年交。

交往的过程中，一个人的形象、地位和出身可能会在短时间内抬高一个人的身价，但是假如失去了八面玲珑的交际手段，和别人谈话的时候表现得过于肤浅和无知，就会很快地被人们所淡忘。而一个拥有好口才的人或许会存在一些外在的不足，但是可以通过知识和谈吐来增加自己的人气，为个人魅力增光添彩。

该让“好口才”成为自己的第二张脸

很多伟大人物是因为口才而名垂青史、万古流芳的，一个个的成语故事记载了他们的妙语连珠和谈吐不凡，成为了中华民族的文化基因。比如，自荐的毛遂，出使楚国不辱使命的晏婴，舌战群儒的诸葛亮等。一个个的人物形象和他们的口才连接在一起，成为历史图腾，千百年来，被一代代的人们传诵和学习。

语言是一门高深的艺术，是表达思想感情的有效形式。深得这种艺术精髓的人，绝不会勉强别人、压制别人，绑架别人的思维，而是巧妙地将别人的思想与自己的言论相接轨，准确、贴切、生动地表达和沟通，让别人对他充满欣赏和崇拜之情。

语言是人的第二张脸，深邃的思想、精辟的见解、睿智的话语会给人留下风流倜傥的印象，而肤浅的思维、庸俗的观念、轻佻的言谈则会给人留下粗俗不堪的印象。我们经常强调在生活之中要注意自己的形象，而形象之中最大的组成部分则是我们的讲话方式。因此，我们要用广博的知识、优雅的谈吐来作为自己的第二张脸，来提升个人的魅力。

那么，该怎么样让口才成为自己的第二张脸呢？我们可以从以下几个方面入手：

1.谈吐文明

谈吐文明是提升口才的基本要求。因此，在说话的时候，我们要避免粗话脏话。现在，有很多人把粗鲁的语言当成豪爽，将骂言作为日常用语，交际场合中谈论一些不雅的下流段子，以此来吸引眼球。这样自然会引来别人的目光，但那些眼光中所带有的感情成分绝对没有一个是赞赏的，绝大部分人会对你嗤之以鼻，认为和这样的人交往是对自己人格的侮辱，品位的降低。哪怕你有着侠义心肠，喜欢助人为乐，平日里乐善好施，但是一句粗俗的话就会抹杀你全部的优点，在别人的眼里，你会成为一个地地道道的山野村夫。因此，在说话的过程中，我们要避免脏话粗话，使用文明用语。

2.禁用鼻音

很多人由于长期形成的坏习惯，在和别人交谈或者是发表意见的时候，经常会发出“嗯”“喔”“哼”“切”之类的声音。这些话虽然不是粗话脏话，但会给人一种漫不经心的感觉，感情细腻的人甚至会认为这种发音是对别人人格的不尊重，或者表现了你对交谈者的不重视，从而对你产生反感。

3.少用流行语

或许是娱乐电视节目看得过多、上网时间太长的原因，越来越多的人在谈话中都夹杂了一些流行语。用“哇塞”表示惊讶，用“哦耶”表示兴奋，要么就是用“偶”“东东”“囧”“潮”等词语代替固有的语言。讲这些话的人自以为跟上了时代的步伐，走进了先进者之列，实际上却并非这样。在校的孩子讲这些流行语言可以证明其充满活力，但是走上社会的人再说这些词语就显得不合时宜，尤其是年过而立的人讲这些流行语，会显得不伦不类，有失身份。

4.有修养

有修养的人在谈话的时候都会掌握分寸，懂得礼数，用词规范清雅，不会因为和别人的意见相左而去争辩和驳斥，更不会为了满足自己的好奇心和猎奇欲而谈论别人的私生活，更不会用言语去揭别人的伤疤，让人无地自容，下不得台阶；哪怕别人有了错误也不会用教训的口气去指责，而是委婉地进行劝说；当别人在言谈之中无意侵犯自己的时候也不会以牙还牙地进行报复。在交际场合，有修养的人能够做到知礼节，知轻重；能够做到彬彬有礼，进退如仪。有修养的人因为能够达到高尚的境界，也就取得了别人的尊重。

话说到别人的心坎里，更容易达成目的

我们与人交际的时候，说话要说到别人的心坎里，一下子就能说出对方的心声，对方一定很乐意与你继续交谈下去。几句简单的话就能叩开人的心扉，其中也是有技巧的，话说到别人的心坎里，就很容易让人与你继续交谈下去，你的目的也就更容易达成。

我们在与他人的交流中，一个好的话题是最开始交谈的媒介、深入谈

话的基础、敞开心扉纵情交谈的开端。但是在选择具体的话题的时候，要顾及对方，看清谈话的对象喜欢什么类型的话题。一个话题，只有让对方感兴趣，谈话才能有维持继续下去的可能。

你喜欢军事，他喜欢摄影，你和他大谈军事，他却对军事一窍不通，你津津有味地说了半天，结果发现对方根本听不懂，你的心情不会好，同样对方的心情也不会好。你们的谈话没有交集点，这样的谈话也就没有必要继续谈论下去。你说你的，他说他的，最终你们之间的感情不会变好，反而会变得更糟糕。你就着你的兴趣大谈特谈，对方只会觉得索然无味，和你找不到共同话题，两个人的对话，也就变成你一个人的独角戏了，这样下去一定会冷场。

一位衣着时髦的白领小姐，正在为购买一件大衣犹豫不决的时候，女营业员忙上前说："这件衣服品位高雅，我们卖得很好，今天早上就卖出好几件。"可那位白领小姐听后立即走了。不久，一位中年妇女来了，准备买一件新潮的马甲，那位营业员接受了刚才的"教训"，便说："这件马甲上身的效果很不错，很气派，一般人穿着还压不住它，从进货到现在还没有卖出一件，看来只有你最适合了。"这位中年妇女听了很生气地离开。

女营业员所犯的错误就是没有看清对方的身份说话，结果惹得顾客很生气，自己也没有卖出一件衣服。白领多追求个性，不喜欢和别人穿一样款式的衣服，那样就会感觉有失品位。可是中年妇女最害怕看到别人不穿的衣服自己穿，那就说明自己已经老了，赶不上潮流了。由此可见，说话看不清对方的身份，会造成不良的影响。

我们在与别人说话的时候，所采取的方法不一样，所得出的结果也会不一样。有的人很会说话，不管多么难以启齿的话，到了他的口中就能变成另一种味道，变得让人很容易接受。可是有的人却正好相反，很简单的话从他的嘴里说出来，就会让人听得很别扭。说话是一种艺术，也应注意技巧。如何轻松地打开话题，这是一个很值得去探讨的问题。我们常说"万事开头难”，不管是写文章还是开口与人交谈，很多时候都会遇到一些开头难的事情，解决这些问题，我们一定要学会一些技巧，来让原本就很难开头的话，说得很有水平。

罗斯福说过：“只有谈论他最关心的事情，才能抓住他的心，让他高兴起来，然后接近他就比较容易了。”一个人总是对自己喜欢的事物有着说不完的话。抓住对方的兴趣所在，作为切入点，用一个他感兴趣的话题来引出下一个话题，让你们的谈话自然而顺利地进行下去。

不会说话的人很容易语出伤人，可能你并没有恶意，可是不会说话的你会让人产生误会，以为你是故意的，你可能好心办成了坏事。说话说到重点上，让你的话合了对方的心意，对方是怎么想的，你可以仔细地揣摩一下，要说出扣人心扉的话，也就不难了。

第4章

开口露真心，先敞开你的心才能触碰他人心

第一句话是打开对方心门的钥匙

萍水相逢的两个人，要想在短时间内在心灵上溅出火花，达到共鸣，关键的是说好第一句话。第一句话是初次见面时打开对方心扉的金钥匙，也是让素不相识的人一见如故的关键所在。

在交际中，有的人经常能用一句话就抓住对方的心理，让对方有了继续交谈下去的兴趣，甚至对其产生知音般的好感，从而愿意将谈话继续下去。一句话能够让双方倾心和投机，就会开创一个融洽、热烈的交谈局面，并愿意将这种气氛从主观意识中维持下去，就能顺理成章地达到沟通和交流的目的。能够拥有这种本领的人，他在朋友中也会有着吸引他人的魅力，他的交际面也会越来越大。

两张陌生的面孔要想短时间内消除心理的生疏和尴尬，说好第一句话是最关键的。漂亮的第一句话能够给人亲热、友善、贴心的感觉。常见的方式有如下几种。

1.让第一句话拉近双方的距离

三国时期，为了联合抗曹，鲁肃和诸葛亮进行了一次会谈。在两个人见面的时候，鲁肃第一句话就说道："我，子瑜友也。"诸葛亮的哥哥诸葛瑾字子瑜，是孙权帐下的谋士，和鲁肃是好朋友。鲁肃这句话字数不多，却很快拉近了双方的心理距离，让诸葛亮对他产生了信任感。鲁肃这种初次见面就攀亲的谈话方式在生活中是十分常见的，它能够很快地在两个陌生人之间搭起一座沟通的桥梁，让对方在顷刻之间就产生一见如故的感觉，从而给对方留下深刻的印象。任何一个人都不可能离开人群而独自生活，只要彼此都留意，不难发现双方存在的那层"亲戚"关系。

比如"你是山东大学96年毕业的，我是98年毕业的，你还是我的学长呢！”“原来您是河北人啊，我老家是承德的，咱们两个算得上是老乡了。”，这样的谈话方式会让对方感到亲切，很自然地把你当成了自家人，接下来就会和你进行愉快的交谈了。

2.对人表示敬仰的谈话能给人贴心的感觉

每个人都希望别人关心自己，当你在和陌生人谈话的时候能够以对方为中心，以对方的特长和成就为话题，就能够引起对方的兴趣，获得对方的好感。对对方表示敬重和仰慕，属于热情有礼貌的表现。当然，用敬仰的方式并不是指一味地奉承和言不由衷，而是要掌握好分寸，做到恰到好处，不要给人以虚情假意的感觉，说话的内容和方法也要因人因地而异，灵活掌握。例如：“我在画展上看到过您的艺术品，收获很大，没想到今天竟然能在这里看到艺术家的风采，真是三生有幸啊。”

3.问候式的谈话给人亲切的感觉

交际其实很简单，和陌生人相处更是如此，通过一句简单的问候，表现出自己的热情、涵养和风度，让对方乐意和你进行交谈。

小赵经常坐火车回家探亲，每次探亲十几个小时的旅途总是十分愉快。因为他经常主动和周围的人打招呼交谈，“您好，您也是回家探亲吧”或者“您好，能不能把您的杂志借我看一下”，这样就与原本陌生的人聊了起来。别人眼里的枯燥路途，却成了小赵结交新朋友的一种方式，小赵在和一些旅客们分手的时候互相留下电话，经常保持联系。

大部分陌生人并没有任何值得害怕的地方，而羞怯和内向的性格会导致结交新朋友机会的丧失。只要能够主动积极地同对方聊天，就能够得到共鸣。有时候我们觉得那些攀亲戚、问候式的话可能是“废话”，但正是这些“废话”的存在，才能开创一个良好的交谈局面，更容易地拉近彼此间的距离，为建立深厚的友谊打下良好的基础。初次见面，只要用第一句话抓住了对方的心，也就抓住了结交朋友的一个重要步骤，让它成为人与人之间一见如故的敲门砖。

让对方站在交谈中心的位置

人际交往过程中，每个人都想得到别人的信任和欣赏，这种信任和欣赏必须是建立在沟通和交流之上的，也就是说必须要寻找到和别人谈论的话题，以利于友好的沟通。话题聊得投机是获得别人好感最好的捷径。谈论的话题范围很广，最应该注意的一点就是不要始终围绕自己展开谈论，讲话要想较快切入话题，主要看谈话对方的情况，话题要适当地多围绕对方谈论。

尤拉在一家公司当经理的秘书，平时工作业务能力很强，经理对她的能力很赞赏，可是她在公司的人缘却不是很好，同事都不喜欢和她交流，原因是她总是喜欢说自己的事情，大家听多了也都觉得很厌烦，平时除了工作上的事情交流之外，很少和她交流其他的事情。

前几天，公司新调来了一位女经理，女经理把尤拉叫到办公室，想从尤拉这里了解一些下属员工的工作情况，可是尤拉都是在说关于自己的工作情况和取得的业绩，女经理提醒了她一次，让她谈谈其他员工的工作情况，她对女经理说："其他人的情况我不是很清楚，每次都是他们听我说我自己的工作情况，他们的情况我也没有问过。"女经理说："作为经理秘书，要比经理更加了解员工的工作情况，这是你必须完成的最基本的工作。你总是把话题围绕在自己身上，会让别人对你反感，从而不愿意和你交流关于他们自己的事情。别人都不喜欢和你交流，那你的工作要如何更好地完成下去？在以后的工作里要多把别人的事情作为你们谈论的话题，这样有利于你的工作，也能让你在公司赢得好人缘。"尤拉点了点头。

尤拉的工作能力很强，但在同事之中没有好人缘，别人都不喜欢和她交流，而女经理的话直接地点出了尤拉的错误，告诫了她在与别人交谈过程中如果总是围绕自己展开话题的话，不仅不利于完成工作，也不会赢得好人缘。想要给别人留下好印象，就要改变自己的谈话话题。

在交际中想要找到和别人谈论的话题，需要主动地了解对方，围绕对方展开彼此之间的话题。心理学家总结出下面这几种心理策略，只要你明白并学会了以下几种方法，话题不始终围绕自己，你便可以轻松地找到和别人交谈的话题，让对方对你充满好感。

第一，问候法。问候法往往需要你比较主动，在问话中带有请教、问候等内容。你的问候会让对方感到亲切，对方会有问必答，这样便可以直接从他的答话中寻找到和对方谈论的话题。这种方法一般适用于对长辈或者上司。

第二，了解法。这种方法与问候法相似，但有所不同，适应于平级和对下级、晚辈，多询问他的生活环境和其他情况，对他的工作和生活都有所了解，从了解的情况中寻找与对方交谈的话题。

第三，闲聊法。在与朋友相聚的过程中，闲聊人生、社会等大家共同关心的话题，从大家的反应中得到共同感兴趣的话题。

第四，恭维法。这种方法适应于陌生人之间。如果知道对方从事的职业，便可以从他的专业、机遇、发展前景等话题入手。人人都爱听好话，对方不会拒绝你的恭维，同时也可以使对方自然而然地谈论自己的事情。从这个角度出发，也会很快地和陌生人轻松沟通，尽快地熟络。

现代人拥有太多的交际应酬，太多的利益纷争，所以在为人处世中必须要有自己的一套心理策略，让自己在社会中站稳脚跟，同时得到别人的赏识。交谈时话题不要始终围绕自己，这是不可缺少的心理策略之一，给予对方说自己事情的机会，给予对方谈论话题的兴趣，倾听对方的谈论，这样才能让彼此进行友好的交流，自己也会在对方的心里留下好印象。

学会正确地提高语言表达力的方法

好口才是建立在深厚的学识基础之上的，如果失去了这个基础，那么，要想达到口吐莲花的水平恐怕就是缘木求鱼了。准确的表达、幽默机智的应答和缜密的逻辑思维都离不开头脑中广博的知识。换句话说，任何的字字珠玑、妙语连珠只不过是表面性的技巧而已，个人的内涵才是最重要的东西。如果我们只停留在表面技巧的追求上，未免就显得舍本逐末了。

俗话说，十年培养一个富翁，百年才能够培养出来一个贵族。要想成为一个说话的高手，并不容易，这需要经过个人长期不懈的努力才能够形成。要想在交际场合游刃有余、应付自如，就应该从平常的一点一滴做起。

因此，我们不妨从以下几个方面来入手：

1.关注生活，加强生活积累

如果一个人生活在封闭的圈子当中，就会孤陋寡闻，与世界隔绝，也会和周围的人以及环境失去联系。一个没有生活积累的人和别人说话的时候往往会因为所谈话题与社会现实脱节而让人感到枯燥无味，对他也失去了兴趣。因此，丰富的生活积累有利于人与人之间的交际，所以我们应关注生活点滴，找到更多的与人交际的话题。

2.注重阅读，增加知识含量

从很大的程度上来讲，口才是“满腹经纶”“博古通今”等词的另一种称谓。拥有了丰富的知识，在和别人的谈话中就不会因为无知而自卑，谈吐间就会很自然地引经据典、旁征博引，所表达的内容也会十分高雅。假如胸无点墨，在陌生人面前也好，在老朋友面前也罢，只有闷头静听的份，也就无法得到别人的关注。因此，在日常的生活中，我们要多注意阅读，注重知识的积累，看一些历史、哲学、文学、政治、美学之类的书，提高个人的修养，让自己达到“腹有诗书气自华”的境界。当你有了充足的知识储备之后，就会有充分的底气与他人进行较高层次的谈论了。

3.紧跟时尚，掌握时代的潮流

时尚是一个时期内比较流行的生活方式和文化理念，它以各种物质的形式表现，表达了时下人们的思想认识和价值观念，也体现了绝大部分人的精神需求。假如一个人和时尚脱离，就意味着被时代所抛弃，他也无法在交际生活中和别人产生共同的话题。一个不懂时尚的人在和别人交谈的过程中，他所说出的内容会因为缺乏时尚元素而显得乏味，他所受到的欢迎程度也必将大大降低。我们要想成为不被别人冷落的人，就要紧跟时尚，比如了解短时间内所流行的服装款式、电影类型、前沿杂志、热门话题等，这样就能够走在时代的最前沿，不至于被社会大潮抛在后面。紧跟时尚的生活方式和精神状态，不仅能够让你享受到一个特定时期的文化气息，更能让你在交际场合中不至于处在边缘的位置，同时，为你有一个良好的交际圈子打下坚实的基础。

4.关心政治，了解时事

我们处在一个与世界交流越来越频繁的时代里，报刊、电视、互联网传递着世界各地的政治事件和时事新闻。如果连续几天不上网、不看报、不看电视，就会有一种被世界抛弃了的感觉。当别人谈及六方会谈的时候，你只能在一边竖起耳朵稀里糊涂地听着。时事政治和我们息息相关，如果一个人紧闭房门，两耳不闻窗外事的话，显得既缺少知识又没有趣味，会遭到别人下意识的排斥和嘲笑。

我们应该知道，流利的表达，缜密的思维，从容的谈吐，其来源是头脑之中日积月累所形成的广博知识。要想提升自己的表达能力，绝不能去追求技巧上的细枝末叶，而是要用知识去武装头脑，提高学识修养。只有从根本上提升了自己，才能够厚积薄发，为自己的谈吐增色。

谈论对方最在行的话题

现如今人们都很重视语言表达在心理和技巧上的训练，多加训练可以让自己放下心理包袱，能够和陌生人愉快地谈话。人们都想使与对方的谈话有意义，有收获，那我们的注意力就应该适时地从自己一方转移到对方身上，努力察觉到对方的优点。就对方最在行的事情提问，可以让对方对你抛出的话题充满兴趣，对你充满好印象，其实这便是和对方最快熟络的途径。

在人际交往中，每个人都希望开始与他人谈话时，找到一个快捷的方法来探知他的兴趣和情绪，使自己在对方的心里留下好印象，同时这也有利于自己处理好人际关系。在第一次和对方会面时，要想尽快和对方友好地交谈起来，必须抓住对方最在行的事情首先提问，打开对方的话匣子，让对方感觉到你能够发现他的专长，和他有共同语言，从而对你倍感亲切。

如果你和对方第一次见面，互相之间很陌生，在不了解对方性格和兴趣爱好的情况下，怎样才能够知道对方最在行的事情是什么呢？心理学家曾经总结过几种方法，这几种方法可帮你迅速地抓住对方的专长，与陌生人投入交流。

第一，要懂得判定对方的性格。假设你刚向对方介绍完自己，讲完几句友好的话之后，你停下来给对方介绍自己的机会，而这个时候对方好像并不愿意主动地介绍自己，他的反应是沉默不语。对方的一言不发顿时会让你感觉到自己很无趣，很尴尬，对方把讲话的机会原封不动地抛回给你，倘若这时你因尴尬的局面而不继续引导和了解对方，你就会失去和对方交际的机会。这种情形下，切记不要让他的沉默惹恼了你。其实很多表面安静的人都有足够的知识和能力进行良好的谈话，但在尚未找到开口的好理由之前，他们宁可不说话，这时你必须寻找对方最在行的事情，让对方对你的话题充满兴趣。在这种情况下，我们最好是尽量慢慢地讲话，从对方的态度上观察对方感兴趣的话题，如果你某次的问题让对方开口了，则说明你已经找到了对方在最在行的事情上感兴趣的话题，打开了对方的话匣子。

第二，如果对方是你的同事或者是一般朋友，双方都清楚各自的工作能力和生活爱好，你想要增进和对方的感情，最直接的方法便是延长和对方谈话的时间，提高对方和你谈话的热情。假如你实在不知道应该如何引导话题，那就从同事的工作能力上寻找话题。对方比你的写作文采好，这便是对方比你在行的事情，你可以夸奖对方的文采，也可以和对方探讨一些文学方面的知识，这是对方在行的事情，对方谈论起来也能够得心应手，在你面前也会拥有成就感，所以对方一定会积极配合你的话题的。对于朋友，可以从平时生活娱乐方面寻找话题，比如大家在K歌时，朋友唱得很棒，也可以夸奖朋友的歌喉，和朋友谈一些唱歌技巧的话题，在这个话题上，相信朋友一定不会拒绝和你长时间谈论的。

世界上有各种性格、各种能力的人，我们会面对形形色色的人群，和各种类型的人打交道，谈话是和他人建立友好关系的前提。如果你在平时生活中细心地察觉对方最在行的事情，把对方在行的事情归于你和他交谈时的话题，让对方松懈下来，同时自己也会倍感轻松。对方滔滔不绝，你全神贯注地倾听，会让对方感觉到你对他的尊重，让对方对你另眼相看。当对方不间断地和你谈话时，你便达成了自己的目的。对方已经对你有足够的信任，你就已经在结交新朋友和享受有结果的谈话途中迈出一大步了。

用真诚赞美打动对方

卡耐基曾说过：“当我们想要改变别人时，为什么不用赞美来代替责备呢？纵然部属只有一点点进步，我们也应该赞美他，因为，那才能激励别人不断地改进自己。”赞美他人，绝对算得上是一件好事，但绝不是一件容易的事。我们在赞美别人的时候，需要审时度势，还需要掌握一些方法，否则，即使你是真诚的，也会将好事变成坏事。

不同的人在赞美别人的时候，会用到不同的方法：有的人喜欢采纳直接的赞美方式，“你真是太漂亮了”；有的人喜欢使用比较意外的方式，“今天的菜格外美味，你的厨艺越来越好了”；有的人喜欢背着别人的面赞美他人，等到这话传到了当事人的耳朵里，效果出奇得好。如何才能使赞美发挥出应有的效果，如何才能通过赞美来打动他人，这就需要我们在赞美他人时讲究一定的方法。方法对了，赞美的效果就会出来了，那时，你还会担心打动不了人心吗？

小王在与同事聊天的时候，随意说了几句上司的好话："张经理这个人真不错，处世比较公正，我来公司一年多了，他在各方面对我的帮助都挺大的，能够有这样的上司，真是我的幸运。"没过多久，这几句话就传到张经理的耳朵里，经理心中既欣慰又感动，就连那位同事在向经理传达这几句话的时候，都忍不住夸赞一番："小王这人真不错，心胸开阔，难得啊。"

年底分发奖金的时候，小王觉得自己这一年表现很不错，想争取一下。对此，他敲开了张经理的门，经理满脸热情："小王，有什么事吗？"小王有些不好意思："张经理，又来麻烦你，真是不好意思。那个发年底奖金的时候，我想争取一下，你看我合格不？"张经理笑了起来："这事啊，好说，我老早就觉得你小伙子不错，放心，这件事我一定放在心里。"

有时候，在背后说他人的好话的功效比当面说似乎更有效果，小王那看似随意的几句话却是有意策划的，这样，自己在张经理心中的形象一下子就提高了，办事自然就容易多了。其实，背后赞美他人比当面恭维的效果好得多，如果当面赞美，有可能会被认为是拍马屁，同时，对方脸上也会挂不住，会觉得赞美不够真诚。那么，趁着对方不在场的时候，赞美几句，总有一天，这话会传到对方耳朵里，其心里自然是美滋滋的，这样一来，打动人心的目的也达到了。

有记者曾问史考伯："你的老板为什么愿意一年付你超过100万美元的薪金，你到底有什么本事？"史考伯回答说："我对钢铁懂得并不多，我最大的本事是鼓舞员工，而鼓舞员工的最好方法，就是表现真诚的赞赏和鼓励。"原来，史考伯就是凭着赞美他人，而获得了年薪100万美元的高薪。不难想象，史考伯先生一定是精通了赞美的方法，否则，怎么能将赞美发挥出那样大的作用呢？

下面，我们就列举几种简单的赞美他人的方法：

1.出人意料的赞美

赞美来得比较突然，也会令人惊喜。比如，丈夫下班回家后，见妻子已经摆好了饭菜，不妨称赞妻子几句。本来看似平常的行为，却受到了丈夫的赞美，作为妻子来说，心情是愉悦的。而且，在生活中，如果你赞美的内容出乎意料，也会打动对方的。

2.直接的赞美方法

在生活中常见的赞美方法就是直接赞美，比如下属与上司、老师对学生、长辈对晚辈，等等，这样直接的赞美方法比较及时、直接，能够很好地鼓舞他人。如果你发现了对方身上有什么特点，不妨直接告诉他："你最近工作业绩不错，快破了上个月的销售记录了，继续努力。"

3.夸张的赞美方法

夸张的赞美方法又称为激情的赞美方法，拿破仑曾这样赞美他的妻子："从来没有哪个女人像你这样受到如此忠贞、如此火热、如此情意缠绵的爱。"在这里，赞美可以使你获得爱情，同时，还可以缓和矛盾。那些无法掩饰的赞美之情，使得我们的另一半十分的受用和满足。

4.间接的赞美方法

有直接的赞美方法，就有间接的赞美方法。在日常生活中，如果我们想赞美一个人，不便当面说出或没有适当的机会向他说出的时候，你可以在他的朋友或家人面前，适当地赞美一番，而且，这样赞美收到的效果将会更好。比把话说到点子上如，当着下属的面赞美另一位员工"我觉得小王挺不错的，工作很认真，踏实能干，我很欣赏他"，等到这些话传到了员工耳朵里，他肯定会加倍努力工作来表达内心的感激。

特别的赞美让人印象深刻

心理学家认为："人类本质中最殷切的需求是：渴望被肯定。"在生活中，被人赞美是一件令人喜悦的事情。恰如其分的赞美，能使人感受到人际间的理解和温馨，能够打动他人，有效地增进赞美者与被赞美者之间的心灵交流。一个人若是学会了赞美，往往能够受益无穷。在日常交际中，我们经常感受到赞美的魔力，不仅能打动他人，也使自己获得了友情和帮助。人总是对自己最感兴趣，认为自己最重要，希望被人赞美，那么，在与他人的交往过的程中，我们应该遵循一个原则：尊重他人，肯定他人，并真诚地赞美他人。不过，就赞美而言，也是需要一定的技巧的。我们对他人的赞美不能太笼统，而是需要针对性。

在生活中，我们经常听到"你这个人真是太好了"。虽然，这听上去就是一句赞美的话语，但是，具体好在哪里呢？赞美者却没能说清楚，给人一种虚假的感觉。如此的赞美，不仅不能打动人心，反而令人生厌。因此，在赞美他人时，我们需要有针对性，比如，对男人你可以夸他帅气，对漂亮的女人你可以赞美她的打扮，对一个母亲你可以赞美她的孩子可爱，对上司你可以夸他的领导力。

王先生和夫人带着一位翻译同一位外商洽谈生意，外商见到夫人后，便夸赞道："你的夫人真是太漂亮了！"王先生客气地说："哪里，哪里。"翻译听到这话，心想可碰到难题了，这"哪里，哪里"怎么翻译呢？最后，他翻译成了："Where，Where？"外商听了，心中感到疑惑，心想，说你夫人漂亮就是漂亮呗，还非要问具体漂亮在哪里？于是，外商笑着回答说："你的夫人眼睛漂亮，身材好，气质好……"说完，大家都哈哈大笑了起来。

这个有趣的故事告诉我们，在赞美他人的时候，一定要在心里问自己"哪里，哪里"，对方漂亮在哪里？好在哪里？这样，你的赞美由于有了针对性而打动对方，甚至，有可能会产生神奇的效果。我们要明白，当我们赞美对方“真好”“真漂亮”的时候，他内心深处就立即会有一种心理期待，很想听听下文，到底“好在哪里”“漂亮在哪里”，这时，如果没有针对性的表述，对方该是多么失望啊。

这天，公司的职员小路心情特别好，她觉得公司特别温馨，觉得每个同事都很可爱，甚至，她主动承担了上司布置下来的工作任务。可能她自己都说不清楚这到底是为了什么？这不仅仅是因为她今天穿了新的裙子，更因为她在刚走进公司门口的时候碰到了同事小娜。虽然，她们平时不常聊天，但是，小娜看见穿着新裙子的小路，脱口就说：“哇，你的裙子真漂亮！款式很适合你。”可能，小娜也没想到自己一句最普通的赞美，会给小路带来好心情。

对于漂亮的女同事，就需要赞美其装扮，因为漂亮的外表是她们最在意的部分。小娜如此有针对性的赞美，自然会打动小路的心，而且，还给小路带来了一天的好心情。一般情况下，太笼统、太宽泛的赞美会给人一种虚情假意的感觉，而有针对性的赞美能让对方感觉到你是发自内心的赞美，当然，这样的赞美能很好地打动对方。

那么，如何能做到有针对性地赞美呢？

1.赞美对方的某个动作或行为

在生活中，泛泛的赞美很快就让我们词穷了，除了“真好”“真棒”“你是最棒的”，超不过10个词，然后就没什么可说了。对于不同场合来说，怎么才能做到有针对性地赞美他人呢？比如，如果你见到一个人，不说你漂亮，而是说“今天的发型让你神采奕奕”，这样，对方是不是会更高兴呢？因此，与其用那些空泛的赞美不如说出最让你满意的某个动作或者行为。

2.针对不同类型的人

在赞美他人的时候，我们还需要针对不同类型的人作出恰当的赞美。比如，见到一个孩子，你不能说潇洒，而要说聪明、可爱、懂事；见到漂亮的女人，就应该赞美其漂亮；见到男人就应该赞美其潇洒帅气。如果你对他们没有针对性的赞美，对方定会觉得你是虚情假意，又怎会被你打动呢？

第5章

万事开头难，初次见面这样说话让人印象深刻

克服紧张，自信地与人交流

当你对自己不自信时，面对初次见面的人就容易紧张得说不出话来。因此年轻人要学会将自己的恐惧感限定在一定的范围之内，使之产生的负面影响最小，进而尽力征服它。

年轻人由于初入社会，大多性格比较内敛，有些人甚至不敢和初次见面的陌生人说话，表面上看似乎是年轻人胆小、少见世面，其实主要原因就是他们对自己不自信。一个人如果有恐惧心理而不敢和初次见面的人说话，就会被人轻视和低估。不敢与陌生人打交道是年轻人在人际交往中的第一大心理障碍，每一个年轻人都要有勇气和胆量坚决克服它，充满自信地在世人面前展现自己出色的风采。

心理学研究表明，当人对自己极端不自信时，就会充满焦虑和恐惧，面对初次见面的人更加容易紧张得说不出来话，长此以往会给我们的职业生涯和人际交往带来巨大的阻碍。我们只有自信些，学会将自己的恐惧感限定在一定的范围之内，使之产生的负面影响最小，然后尽力征服它，才能不会被人小看和轻视。

心理学家给我们提供了几个克服紧张感的方法，它们能从生理、心理等方面帮助我们变得更加自信，让我们能够大方自得地展现出自己的个人魅力，在初次见面时给对方留下一个好印象。

1.生理调节帮你缓解紧张感

人的生理与心理的作用是互动互制的，生理的调节也会对我们的心理产生影响，帮助我们放松心情、调适好心态。也许你也曾有过这种感觉，当你十分紧张时，你可以张开双臂深呼吸，重复几次就会感觉轻松许多，这是生理调节对心理的帮助。因此当你对陌生人产生紧张感时，可以通过这样的一些生理措施来舒缓下你的紧张感，如深呼吸、搓手、舒展四肢、走动等，都可以使你的紧张心理消除，慢慢恢复自信心，从而有利于对陌生人展现一个大方、自信的自己。

2.心理暗示让我们放松心情

在与初次见面的人打交道时，人们总是容易紧张，这其实与我们自己的心理活动密切相关。心理学家解释说，当面对不同的说话对象和说话环境时，人的心理常会出现微妙的变化，这是由于人们心理夸张性感受导致的，要想缓解这种情况，必须让我们的心理感受重新归位。要达到这一要求，我们可以对自己进行心理暗示，提醒自己对对方做客观、正确的认识，对自己做准确、公正的评估，这样就能保持清醒，树立信心。比如，当你和一位事业很成功的前辈谈话时，他的卓越能力可能让你感到十分压抑、拘谨，这时你不妨提醒自己："他工作了20年，理当是这一领域的精英，我同样也有优势，10年后我会比他更成功。"如果你能这么想，那么你的紧张感就会消失不见了。正确地认识自我，摆正自己的心态是放松心情的关键，但切忌妄自尊大，否则你所提高的不只是自信心，还会有自负、自大的情绪。

3.与人交往培养我们的自信心

有时在与人交往时，人们的紧张感是由于缺乏交往实践和成功的交往感受造成的，因此，加强交往实践的训练能有效地提高我们的自信。见到陌生人就主动去打招呼，这不仅体现了我们的热情、真诚，还能给对方留下一个美好的第一印象。多多交往会让每一个年轻人不断变得稳重、大方，来自他人的肯定也会让我们信心十足，这是一个很好的方法。

初次见面，自我介绍的几个技巧

在和人初次见面时，给对方留下一个好印象，不仅是一件快乐的事，还能够对我们的工作和学习大有裨益，因此，初次见面时的自我介绍是很重要的一个步骤。所谓自我介绍，是指人们在社交场合中向他人介绍自己的过程，通过这种方式可以推销自己的形象和价值。自我介绍是否成功，直接决定着我们与对方深层次的人际交流是否能够实现。

自我介绍不是简单地自报姓名，从某种意义上讲，自我介绍是一种学问和艺术，它需要我们掌握许多必要的技巧。

1.平和地说“我”

年轻人在介绍自己时，少不了会说“我”这个字，有的人说“我”时语气特别重，似乎想要通过这个字来强调自己，因此会给人骄傲自大的感觉。给别人什么样的印象，关键就看我们在自我介绍时用什么态度来介绍“我”。左一个“我”怎样怎样，右一个“我”如何如何，对方的耳朵充斥着的都是“我”字，怎么会不反感呢。

所以，我们在自我介绍的时候应平和地说出“我”字，目光亲切，神态自然，这样才能留给对方一个自信、自立而又自谦的美好形象，而不是一副得意洋洋、不可一世的丑恶嘴脸。

2.介绍时要详略得当

在一些特定情况下，自我介绍的内容需要较全面、详尽，不仅要把自己的姓名、身份、目的、要求讲清楚，还要介绍自己的经历、学历、性格、专长以及兴趣爱好。为了取得对方的信任，有时候应讲一些具体事例，这有利于让对方感受到你的真诚，并在短时间内了解你，一般面试时推荐用这种方式自我介绍。然而不是所有的情况都需要介绍这么详尽，有时不需要面面俱到，能够给自己保留一丝神秘的感觉。

3.独特地介绍自己

通常情况下，年轻人的自我介绍就是向对方报上自己的姓名、工作单位、职业、学历、特长或兴趣爱好等，像这种千篇一律的自我介绍并不能给人留下深刻的印象。因此我们要从独特的角度，选择使对方感到有意义，又觉得顺其自然的内容，用生动活泼的语言把自己“介绍”给别人，这样的自我介绍会令对方耳目一新，自然就印象深刻。

4.用心介绍自己的姓名

一个人的姓名，往往有丰富的文化积淀，或折射凝重的史实，或反映时代的乐章，或寄托着父母的厚望。因此，在自我介绍时，我们要多花费些心思在自己的姓名上，为了让对方准确听清自己的名字，往往要对“姓”和“名”加以注释，注释得越巧，给人留下的印象就越深刻。

需要声明的是，自我介绍仅仅是个好的开始。我们要想给对方留下一个好印象，还要注意与对方交流的态度。有的年轻人在与对方交谈时，交头接耳，目光游移，让人感觉心不在焉；或者只谈论自己感兴趣的话题，高谈阔论，让人摸不着边际；也有的十分拘束，沉默冷场；更有甚者，信口开河，东拉西扯，只顾自己说，结果往往不欢而散。因此在初次见面时，我们应避免傲慢无礼的态度，尤其最初的几分钟里，务必要心平气和，全神贯注，不失礼节地倾听。唯有如此，才能使交谈推心置腹，给对方留下一个好印象。

说话细节决定初次见面印象

在社交圈中，有一种人会给人留下非常善于交谈的印象。很多人都喜欢和他们做朋友，不管聊多久都不会冷场，因为他们非常注意初次见面的种种细节，即使没有话题可说时，他们也能说出“你的衣服搭配得真好，很适合你”“你的事业真成功，我要多向你学习”等新的聊天切入点。可以说，这类人总是受到大家的欢迎，好运也特别青睐他们。

年轻人要想在社会上博得一番天地，受人赏识以及机遇是非常重要的。因此，若你能在初次见面时留给对方一个热情、诚恳的好印象，或许就会为自己之后的工作生活创造出一个好机会。年轻人要想成为一个出色的社交家，除了有很高明的社交手腕，还要有一双敏锐的眼睛，因为在初次见面时，细节往往能够决定一切。

1.提前做好充分的准备

通常情况下，陌生人见面时往往会感觉紧张、尴尬，因此你要提前做好把话说到点子上的准备。一般来说，搜集些对方的资料，找到彼此的共同点，能让对方产生亲切感。两个本不熟悉的人，一旦有了共同的话题、相似的经历，就会倍感亲切，当然，这也能体现出你对对方的重视和尊重。

2.适时制造话题

初次见面时，我们最害怕的就是因为没有话题而冷场，那会让谈话双方都感觉十分尴尬。因此，年轻人要动用自己的聪明和机智，当谈话主题结束，或是话不投机而突然中断时，要随时制造些话题，避免尴尬场面出现。这个时候，你可以把身边的任何事物当作过渡话题，比如，“您家的狗狗好可爱啊！”“您家的装修真别致，是您自己设计的吗？”只要你用心些，身边的任何事物都可以作为话题，这些话题不仅轻松自然，还能拉近双方的距离，让对方感觉你很亲切。

3.时刻留意对方的反应

很多年轻人认为，让初次见面的人对自己留有一个好印象很难，其实这并不需要你有多么高深的说话技巧，只要你能细心留意对方的反应就可以。比如，当对方在发表意见时，你一直注视着对方，并在适当的时候轻轻点头或微笑以示赞同，对方会感觉你对他说的话十分关注，自然也就会格外注意你，更加乐意与你说话。

4.不打断对方的话

在与初次见面的人谈话时，切忌唐突地打断他人说话。每个人都希望自己能尽快与对方建立起一种无话不谈的关系，但有些性格急躁的年轻人总会无意地打断对方，殊不知，这会让对方极为反感。如果你和对方意见不合，那么不要马上打断对方说出自己的意见，这会让对方感觉你很无礼。倘若你希望留给他人一个好印象，就一定要注意避免犯类似的错误。

5.谈话时注意姿势

有个女孩，听课时总习惯把双手抱在胸前。一次，新来了一位代课老师。课中，老师一直注意着她，她感到非常不安。下课后，这位新老师走到她跟前说："这位同学，你是否对我的教法有质疑？"这个女孩非常惊讶地说："没有啊，老师怎么会这样问？"原来问题出在她抱胸的姿势上，因为抱胸代表"拒绝"，这引起了老师的误会。大多数人只知道在同长辈谈话时，抱胸跷腿显得没有礼貌，其实即使是对初次见面的人，这种姿势也是要避免的，这会让对方误以为你不愿与他做进一步的沟通，甚至认为你的态度傲慢而产生不好的印象。

6.避免敏感话题

在与初次见面的人谈话时，话题的选择十分重要，你不但要准备充足的话题，避免冷场，还要避免一些敏感的话题，以防引起不必要的争吵。例如双方的宗教信仰、政治见解、学历等问题都应该避免。谈论这些问题，或多或少都会带有"评价对方"的感觉，因此我们在与他人初次见面的时候，最好不要谈这些，以免让对方觉得自己不被尊重。

7.不要刻意恭维对方

赞美像一朵美丽的花，谁都喜欢，由于初次相识，双方的信任还没有达到一定的程度，因此适当赞美对方是需要的，但切忌刻意去说恭维话。刻意奉承、谄媚的话，听起来也许会令人飘飘然，但却明显浮华不实。这样的话不能代表你的内心，只会让人感觉夸张、不真诚，因此也就无法让人从心底接受。

拿破仑本人就非常厌恶虚伪奉承，一次聚会中，来宾多是一些谄媚逢迎之人，他们一见到拿破仑便谄媚地迎上来，一开口就恭维话连篇："将军真是武功非凡!""您对国家的贡献太伟大了，要不是您，我们怎么能享受如此丰富的盛宴呢？"这些话让拿破仑感觉非常不舒服。这时又一位客人走过来敬酒，并对拿破仑说："将军最讨厌逢迎巴结的话，今天这个聚会一定使您感觉不舒服吧!"拿破仑有些惊讶，但稍微顿了一会儿后便对这位客人微微一笑，然后表示内心无奈地摇了摇头。

显然这位客人把话说到了点子上，一句发自内心的体恤话，远远胜过十句、二十句刻意恭维的话，不刻意恭维反而能够得到拿破仑的认同。关注这些细节，能帮助你顺利地与陌生人交流，避免谈话中出现尴尬场面，如果你能灵活利用这些细节，就会给对方留下一个大方、得体的好印象。

用得体的称呼表达对对方的尊重

在与人初次见面时，"称呼"往往是我们说的第一句话，因此大方、得体的称呼是给人留下良好的第一印象的一扇门。"称呼"是根据社会习惯来分类的，一般分为职务称、姓名称、职业称、一般称、代词称、年龄称，如"李经理""老王""赵裁缝""孙姐"等，因此，年轻人要学会用得体的称呼来表达对对方的尊重。

年轻人正值充满青春活力的好时光，你可能有一套和陌生人打招呼的方式，例如点头、招手、大声呼喊姓名等，但这些都是适用于和熟识的同龄人用的招呼方法，对于一个初次见面的人来说，这种方式就显得有些不礼貌。但是如何"称呼"好对方可不是一件简单的事。我们每天都要和不同的人接触，因此就不可避免地会运用到不同的称呼，但是任何称呼，都不是随便叫的，因为它意味着特定的社会关系和义务。由此可知，在初次见面时，得体地称呼对方是一个很重要的细节。

在现今复杂的社交生活中，恰当、得体的称呼是给人留下良好印象的第一步，要让对方感到自己被尊重。尤其是在初次见面时，我们的称呼往往会直接影响对方对你的印象。如果称呼不当，就会使双方的交流发生困难。很多情况下，“称呼”不是为了满足我们自己，而是为了满足对方的虚荣感，这样对方会很高兴，也乐于与你交谈。

小旭在公园遛弯的时候，正好看到公司的一个同事也在遛弯。小旭本来和这个同事不太熟，没说过几句话，不过她知道这个同事近期刚被提升为办公室主任。小旭便主动走过去和她打招呼，热情地说：“主任，今天您也来遛弯啊，真高兴在这遇到您。”对方听到小旭的称呼，心里格外高兴，虽然她和小旭并不熟，但今天公园偶遇，她觉得小旭很热情友好，对她印象好极了，两人最后成了熟识的朋友。

在称呼对方时，还要注意的是，要把对方的心理因素也考虑在内。比如，有的男士到30多岁了还没有结婚，你若称呼对方“老赵”“老杨”，人家肯定会很不高兴；对女人来说也一样，如果你对未婚的女士称呼“太太”“夫人”，一定会遭到对方的白眼。而换个年轻些的称呼，比如“杨哥”“赵哥”“李姐”，想必对方是会很高兴接受的，毕竟人都是希望自己能青春永驻的，年轻人要深谙这个道理。

“称呼”不是我们谈话的主要内容，也不是关键因素，但是它在初次见面时所起的作用是不容忽视的。因此，要想让对方对自己有个好印象，得体的称呼是关键。

初次见面，第一句话要说好

初次见面，给人的第一印象最为关键，年轻人要想在短时间内和对方一见如故，达到心灵上的共鸣，说好见面的第一句话是一条捷径。对我们来说，说好见面第一句话会给对方热情、友善的感觉，有利于快速消除彼此间的陌生感。如果你不善于和陌生人交谈，就会在之后的交际中处处受损，事业、生活都会受到影响。因此在初次见面时，我们要把握机会，用一个好的开场白来赢得对方的好印象。常见的方式有以下几种：

1.攀亲认友缩短彼此的距离

攀亲认友的方式虽然不太被推崇，但有很强的实用性。其实，任何两个人，只要彼此留意，就不难发现双方有着这样或那样的“亲”“友”关系。我们只要利用这层关系，在见面时告诉对方，就能一下子缩短彼此的心灵距离，使对方感到十分的亲切。比如：“你是首都师范大学毕业生，我曾在首师大进修过四年。说起来，我们还是校友呢！”“您来自山东，我出生在山西，两地相隔咫尺，今天相见真是高兴！”这种方式很容易让人在短时间内对你产生一见如故的印象。

1984年5月，美国里根总统访问上海复旦大学。在一间大教室内，里根总统面对一百多位初次见面的复旦学生，他的开场白就紧紧抓住彼此之间还算“亲近”的关系：“其实，我和你们学校有着密切的关系。你们的谢希德校长同我的夫人南希，都是美国史密斯学院的校友呢。照此看来，我和各位自然也就都是朋友了！”此话一出，全场鼓掌。短短的两句话就使一百多位黑发黄肤的中国大学生把这位碧眼高鼻的洋总统当做十分亲近的朋友。接下去的交谈自然十分顺利，气氛极为融洽。

2.恭敬仰慕让对方受到敬重

在初次见面时，人们可以用这种方式来表达敬重、仰慕之情，这是热情有礼的表现。如“您的艺术品我曾经观摩过多遍，受益匪浅。想不到今天竟能在这里一睹您的风采！”这种方式会让人感受到你发自内心的敬意，也表示出你的尊重。不过用这种方式说第一句话时，我们一定要把握好分寸，不能胡乱吹捧。表示敬慕的内容应根据说话的对象、说话的时间以及说话的地点而定，切不可虚无边际地奉承对方，否则会让对方感觉你十分虚伪。

3.亲切的问候带给人温暖

“您好”是我们最常用的问候语，这短短的问候能让对方感到十分的温暖，在初次见面时，我们把这一声温暖的问候送给对方，这会表现出你自身的热情及涵养。年轻人只要主动、热情地问候初次见面的人，同他们聊天，努力探寻与他们交谈的共同点，就能赢得对方的好感，拉近双方之间的距离。

4.赞美他人的长处

每个人都喜欢别人看到并赞美自己的长处。那么，初次见面时，我们应该投其所好，赞扬对方的长处，并表示对方是自己学习的榜样。这种赞美不同于一般的奉承，而是让对方感觉到你的真诚，从而对你产生好感，进而激发交谈的积极性。反之，倘若你总是有意或无意地触及对方的短处，伤及对方的自尊心，那交谈的效果便可想而知了。

方佳是一家广告公司的业务员，她有一套独特的交际秘诀，就是初次交谈时一定要扬长避短。有一次，她为了一个广告业务去拜访一位房地产公司的经理，见面寒暄后，方佳突然开口问道："您是在哪学会开越野赛车的？总经理居然是环线越野赛车的常胜将军，这可真不简单啊！您真厉害，我得多向您学习。"话音刚落，总经理兴奋起来，谈兴大发，广告之事当然不在话下，总经理还热情地邀请方佳去观看他的比赛。

5.共同的话题勾起交谈的欲望

如果我们想在第一句话就吸引对方的注意力，那么双方就必须确立共同感兴趣的话题，我们要从对方的兴趣、爱好、个性特点入手，这样在谈话时才能谈得投机。

生活在同一时代、同一国家，只要你善于寻找，就不愁没有共同的话题？比如，一位小学教师和一名清洁工，两者看似没有共同感兴趣的话题。但如果这个清洁工是一位小学生的家长，那么，两者可以就如何教育孩子各抒己见，交流看法。只要我们能留意观察，就不难发现彼此有对某一问题的相同观点、某一方面共同的兴趣爱好，我们要利用共同的话题勾起对方交谈的欲望，这样才能更快更好地和对方加深感情。

一次张小姐在拜访陌生人时，见其墙上挂有"制怒"二字，便知对方有克服易怒缺点的要求。她第一句话便问道："您平时很爱发脾气吗？"对方答："我很容易冲动，但明知自己有这个毛病，却有时控制不了，为了提醒自己，就写下来挂到墙上，时刻告诫自己。"张小姐由此话题谈开，先是表示非常理解，继而谈出自己的看法，对方也就同一问题谈出感想，两个人谈得非常投缘，颇有"相见恨晚"之感。

让肢体语言为你加分

在初次见面时，除了必要的称呼、自我介绍，得体的仪态也会给对方留下深刻的印象。可以说，肢体语言是人类的第二种语言，语言更多的是显示人们的内在思想和智慧，而举止则更多地彰显着人们的外在风度和形象。一个优秀的人除了要有优雅的谈吐，还要有大方得体的仪表动作，这样才能趋于完美。

1.传递真诚的眼神为你加分

在与人初次见面时，拥有一双炯炯有神的眼睛会给对方留下一个好印象，给自己加不少分数。在交谈时，如果你用饱含真诚的眼睛与对方进行目光的接触，这不仅仅是一种礼貌的象征，还能帮助双方维持一种特殊的联系。

一般来说，在交谈时不敢用眼睛交流的人，难免会让人感觉他企图掩饰什么，眼神闪烁不定则让人感觉此人不诚实。在交谈时，如果你根本不敢抬头看对方，那基本上可以说是怯懦和缺乏自信心的表现，这些都会妨碍你给别人留下良好的第一印象。当然，这里要强调的一点是，同他人进行目光交流并不意味着总用眼睛盯着对方。

一项研究表明，交谈时，人们目光接触对方脸部的时间最好占全部谈话时间的30%～60%，倘若超过了这一界限，则会让人感觉你对对方本人比对彼此的谈话内容更感兴趣；反之，则表示你对彼此的谈话内容和对方本人都不怎么感兴趣。这种行为在一般情况下看都属失礼行为。

2.合适的坐姿为你加分

一般来说，初次见面时，人们都会与对方坐下来做深一步的交谈，因此合适的坐姿可以为你赢得不少印象分。有的人喜欢坐在中间，让其他人围坐在自己周围；有的人喜欢坐在角落，不想引起其他人的注意；有的人喜欢坐在对方身旁，有利于拉近距离。其实，对于初次见面的人，最好的座位是坐在他的对面，让对方清清楚楚地看到你。此时，你的坐姿一定要保持自然端正，不要斜靠在椅中，或者把手臂搁在椅背上，这样往往会引人轻视，让对方感觉你不尊重他。因此这些细节我们一定要注意。

3.腿部的姿势为你加分

腿部的姿势是人们仪表中的一个重要部分，得体、端庄的腿部姿势也可以为你加分。无论是坐着还是站着，我们的腿部往往会呈现出这样三种姿势：两腿分开、两腿并拢和两腿交叉。两腿分开属开放型姿势，显示你是稳定、自信的，并有接受对方的倾向；两腿并拢的姿势则显得你过于正经、严肃；而两腿交叉属防御性姿势，往往是人们害羞、忸怩、胆怯，或者随便散漫的表现。

在与初次见面的人说话时，我们最好采取第一种姿势，即两腿分开。站立时，两腿张开，两脚平稳着地成“丁”字形或者平行相对，或者一前一后，躯干伸直，注意不要屈膝和弯腰弓背，否则会显得消极懒散，无精打采。坐下的时候也一样，我们要把自己的两腿稍稍分开，间距不超过肩宽，注意不要过分叉开，腰板要轻松地挺直，这样一来，你自然、从容的姿态就会展现在众人眼前，不仅你本人显得情绪饱满，而且还会感染到对方，给对方留下一个好印象。

4.传情达意的双手为你加分

在与人交谈时，我们一定要特别留心如何安放自己的双手。尤其是与人初次见面时，千万不要紧张得手足无措，不知道把自己的手放在哪里。这个时候，安放它们的最好办法是将其忘掉，让它们自然垂直在身体两侧，或者不妨把它们插在衣袋里或是放在背后。总之，双手能够平和我们的紧张情绪，因此你不用过多注意它们是否有碍，更不必顾虑对方是否会留意你双手的位置。不过值得我们注意的是，千万不要故意把双手交叉在自己的胸前，这是一种防备的姿势，对方也会不知不觉受到你的影响，存在戒备心理。

5.生动的表情为你加分

在不同的场合，年轻人要用不同的表情来表达自己的感情，有时候，生动的表情比手势更能感染对方。面部表情是对我们各个情感体验的反应动作，它与我们表达的内容配合得最恰当，因此使用的频率要比手势高很多。在初次见面时，很多话不是很方便说，我们要想给对方一个好印象，这时生动的表情就能发挥作用。

虽然肢体语言在说话的过程中可以帮助你，但它毕竟只起一个辅导的作用，一个人的言谈举止可以让人看到他的素养，单纯的肢体语言虽然无法达到有声语言表情达意的效果，但是通过肢体语言的运用，可以使有声语言的效果增强。所以，我们一定要重视肢体语言，运用得好，就会辅助有声语言给人留下更好的印象。年轻人千万不要小看这些小细节，从现在起开始注意修饰自己的仪表，注重自己的肢体语言，这样会让你整个人都更充满魅力。

第 6 章

因人而异，对的话才能深入人心

到什么山头唱什么歌

俗话说："到什么山头唱什么歌。"世界上有着形形色色的人，人各有其情，各有其性。我们想要说话说得漂亮，想要获得好人缘，就要学会见什么人说什么话。只有言辞表达的内容和方式符合接受对象的脾气性格，才有可能获得对方的共鸣，给对方留下一个好印象。古人说："知己知彼，百战不殆。"说话也一样，我们在交谈之前，要尽可能地了解对方的兴趣、背景、爱好等，然后针对不同的对象，采取不同的会谈技巧。唯有这样，才能使这次交谈获得最佳的效果。

有些人时常被认为"少根筋"，容易得罪人，就是因为他们说话不看对象。这些人往往说话急于开口，不看对象，结果惹得对方不高兴。

韩玲工作两年了，不仅没有融入同事之中获得好人缘，还被同事评为"最尖酸刻薄的人"，韩玲在觉得委屈的同时也觉得莫名其妙。其实韩玲之所以在公司不受欢迎就是因为她不懂得说话要看人这个道理。例如公司的同事怀孕了，别人都笑着说恭喜，但是韩玲却说："哎，现在养孩子没什么意思，花心思花钱不说，说不定长大了还会给父母气受。我侄子就是这样，读书也读不好，工作也找不到，整天赖在家里玩游戏。"怀孕的同事的脸立刻就黑了。还有一次，韩玲部门的主管父亲过八十大寿，邀请公司的同事一起去庆祝。结果在寿宴上韩玲对着寿公大谈人寿保险的好处，还说自己有个朋友也在卖保险，如果去买的话可以给他打折。老人家最忌讳的就是这个，立刻变了脸厉声说："你这是在咒我吗？"结果闹得很不愉快。

其实韩玲说这些话都是出于好心，但是她没有看场合和对象，结果把身边的朋友、同事得罪了个遍。会说话的人，在开口求人办事之前，一定会根据各种人的身份地位、性格爱好和心理选择不同的处理方式，并把握好分寸。只有这样，才能成为受欢迎的人。

生活中，我们每天遇到的人都是不一样的，他们的心理特点、脾气秉性、语言习惯都各不相同，这就决定了我们每次选择的说话方式和说话内容都是不一样的。

1.对不同年龄的人说不同的话

如果见到一个5岁以下的孩子，要和他讨论糖果；如果见到一个10岁左右的孩子，要和他讨论游戏；如果见到一个18岁左右的学生，要和他讨论高考；如果见到一个20岁左右的漂亮女青年，要和她讨论哪部电影最经典，哪里的小吃最出名；如果见到一个24岁以上的独身女青年，现在有了男朋友的，害怕男朋友是不可以托付终身的那种人；而没有男朋友的，为了找一个好的男朋友绞尽脑汁，所以要巧妙地避开“男人”这个敏感话题，谈谈她的事业或者化妆品；如果见到一个初为人妇的女子，要和她探讨厨艺或者她丈夫的事业等；如果见到一个初为人母的女子，要和她讨论育婴经验或者奶粉调制等；如果见到一个有18岁左右孩子的母亲，就和她谈谈孩子的未来；如果见到一个50岁左右的中年妇女，就和她谈谈她老公的身体情况；如果见到一个儿孙满堂的老奶奶，就和她谈谈她的幸福晚年。

2.对不同性格的人说不同的话

如果你遇到为人严谨的人，说话的态度必须要诚恳，切忌高谈阔论和巧舌如簧。严谨的人喜欢朴实无华、直而不曲的说话方式，因此我们要力图塑造老实敦厚、诚实可靠的形象。

如果你遇到性情豪放的人，你就应该爽快、坦白地说话。千万不要给人留下畏首畏尾、唯唯诺诺的形象。这个时候你越能放开胆子来说话，越能获得对方的好感。

若对方是学识渊博之士，我们说话时要尽量引经据典，多用华丽的辞藻，要尽可能地表现出自己的含蓄和文雅，显示谦虚而又好学的形象，并且使得谈话始终保持着幽默风趣和富含哲理。和这一类型的人说话切忌粗俗和措辞不雅。

总之，我们在和人谈话时，能够面对不同的人说不同的话，是很重要的。听话对象的不同体现在多个方面，包括民族、地域、性别、年龄、职业、文化、修养、阅历、性格等诸多方面。一个人要想使自己说出的话引起对方的重视或取得对方的认可，必须根据不同的说话对象，把握说话的分寸。只有真正做到“见什么人说什么话，到什么山头唱什么歌”，我们在生活中才能做到真正的如鱼得水。

与陌生人打交道的技巧

学会和陌生人说话，给人一个良好的第一印象，为以后的合作打下坚实的基础在社交上是非常重要的。如果你能处理得很好，可以和陌生人一见如故，相见恨晚；如果处理得不好，则很有可能落入四目相对、局促无言的尴尬境界。然而很多人的天性含蓄委婉，因此同不熟的人交谈，特别是和第一次见面的陌生人交谈是他们口语交际中的一大瓶颈。

灵岩是大学校报的副主编，在临近毕业的时候，有位知名记者来学校做讲座，灵岩被派去迎接这位记者。灵岩接到这个任务的时候，兴奋得晚上都睡不着觉，辗转反侧地想着在和这位知名记者见面的时候应该说些什么，又应该向他请教一些什么。然而当她真正见到这位记者的时候，她却不知道怎么和他沟通，紧张得手足无措，讷讷不能言。在和记者接触的整整两个小时内，灵岩一句话都没说出来，她拼命地寻找机会，但是越是着急就越是说不出来。记者见她满脸通红，还一个劲冒冷汗，还以为她生病了，关切地问她需不需要先去医院，使灵岩尴尬不已。

很多年轻人和灵岩一样，都害怕和陌生人接触，不知道如何开口，不知道该说些什么，这些是一般人的通病。例如，在聚会上人们想不到有什么风趣或是言之有物的话可说；在求职面试时拼命地想给人好印象，却紧张得结结巴巴不知所云。这些其实都是我们过于紧张的表现，当我们把注意力过于放在周围的环境上时，总觉得别人对自己的一言一行非常关注，总担心自己会出现错误而被别人嘲笑，总处于一种莫名的心理压力之下。

但是有一句话说得好：“自卑就像受了潮的火柴，再怎么使劲，也很难点燃。”如果你总是表现得犹犹豫豫，缩手缩脚，不仅会使自己处于自卑的恐惧中，还会使别人认为你真的很无能，不愿和你交往。然而，陌生人并不可怕。试着想想我们身边的朋友，哪一个不是原来的陌生人呢？正所谓：“世界上没有陌生人，只有还未认识的朋友。”只要你能学会一些和陌生人说话的技巧，勇敢地直面陌生人，相信你会从和陌生人的偶遇中寻找到更多的朋友。以下就为羞涩的年轻人们介绍几种同陌生人说话的技巧：

1.学会察言观色

福尔摩斯常常根据他人的服饰或者身上的某一个特征就能够完全判断出陌生人的工作、爱好等，可见一个人的心理状态、精神追求、生活爱好等，都或多或少地要在他们的表情、服饰、谈吐、举止等方面有所表现。只要我们学会察言观色，就一定能或多或少地获得一些陌生人的信息，并因此找到共同的话题。

一天，吴敏接到公司的任务到外地去出差。火车上很无聊，吴敏想找个人来聊天，刚好隔壁座位就坐着一个在看杂志的中年女人，但是吴敏苦于不知道该聊什么话题。这时，吴敏发现隔壁女人在介绍某个明星一页看了很久，刚好吴敏最近在看这个明星出演的一部电视剧，吴敏灵机一动，故意凑过脑袋说：“啊，这个不是演某电视剧的那个明星吗？”隔壁女人马上笑呵呵地说：“是啊，是啊，你也有看这部电视剧啊？”于是这一对陌生人就开始聊天了，一路上两个人有说有笑，后来还成为好朋友。

这一切都归功于吴敏的察言观色，懂得寻找共同的话题。人们在面对陌生人的时候，不妨尝试这个办法，多多观察，试着打破沉寂的气氛。

2.积极的心理暗示

如果你想要在公共场合与陌生人交谈甚欢，又或者想要自己说话说得漂亮，广结人缘，积极的心理暗示是必不可少的。例如，当你在和陌生人交往感到恐惧的时候，你可以想：“我虽然谈吐算不上幽默，社交能力不算好，但正是因为不够好才需要多锻炼。万事开头难，但是功夫不负有心人，只要我多多练习，以后我一定也会在社交场合如鱼得水的。”这种想法往往会给予我们莫大的勇气，使得我们抛弃害怕、胆怯、腼腆、羞涩等一系列感情，走出社交的第一步。

另外，我们在与陌生人交谈完也应该给予自己一些积极的心理暗示。例如，在自我感觉良好的时候应该激励自己：“其实和陌生人说话也没什么难的，以后我也要经常尝试。”如果感觉交谈不是那么顺利，也要对自己说：“再坏又能坏到哪里去？最终我又能失去些什么？最糟糕的结果又会是怎样？大不了是再回到原起点，有什么了不起！”这些话能够让我们迅速从沮丧中走出来，勇敢地迎接下一次的挑战。

3.不要过于关注个人表现

很多人在与陌生人沟通时，总是把自己看得太重要，总觉得别人都在关注自己。因此当自己犯一点小错或者一时言辞不当时，都紧张得不得了。然而我们要明白，大家关心的是事情本身，而不是你本人，除非你是大明星。如果你只是个平凡人，你的一言一行根本不会引起人们的过分关注，你只要把你要做的事做好，要说的话说清楚就行了。

“疯狂英语”的创始人李阳的名片上有三句话：越是自己不敢做的事情越是要去做，越是令自己恐惧的事情越是要去做，越是自己没信心的事情越要去做。年轻人要勇敢地迈出同陌生人说话的第一步，大胆地与陌生人说话，相信你会更加有自信！

与上司和下属交谈的技巧

在生活中，人们在与比自己地位高的人交往时，往往会感到紧张，表现得比较拘谨、谨慎，有时甚至会表现得唯唯诺诺。然而当人们与社会地位与自己同级或者低于自己的人讲话时，就会表现得比较自如、自信，甚至放肆。那么我们该怎么做才能使自己与上下级交谈的时候，都能表达得大方得体，不仅能博取上司的好感还能得到下属的拥护？以下是几种与上下级交谈的技巧。

与下属交谈要注意以下几点：

1.切勿用命令、训斥、使役下级的口吻说话

在与下属交谈时要力求避免采用命令、训斥、使役下级的口吻说话，而是要放下架子，以平易近人的方式对待下级。只有这样，下级才会愿意尽力帮你做好每一件事，才会向你敞开心扉。

2.批评时不宜对下级做完全否定的表态

在批评下级的时候，千万不要因为生气而对下级做完全否定的表态，如："你们这是怎么搞的？""有你们这样做工作的吗？"这样的表述，除了能够让你发泄情绪以外，对事情的进展完全起不到任何的好处，而且往往会使下级心灰意冷，提不起劲继续工作。因此我们在发表评论时，应当善于掌握分寸。除了表达要谨慎外，还要尽可能采用劝告或建议性的措辞，如"你觉得这个方案有没有改进的空间""这是我个人的意见，你们可以参考看看"等，这些表述在无形中起了一种启发作用，而且口气也以建设性的为主，下级也比较容易接受。

3.改掉一些令下属不安或者愤怒的小动作

语气、语调、表情、动作等也会体现说话者内心的态度，因此人们的一些表情和动作可能会引起下属的误解。例如，有些人说话的时候常常会习惯性地冷哼，或者死死盯着下级，这样的动作往往会引起下级的不安。你千万

不要以为这是小节，纯属个人习惯，不会影响上下级谈话。事实上这不但关乎此次谈话的效果，还关乎着你的下属是否愿意对你打开心扉。

与上级的谈话要注意以下几点：

1.不亢不卑的态度

有的人在与上司谈话的时候，往往会显得胆小、拘谨，甚至有点胆怯，唯恐一句话不当就断送了自己的前途。但是事实上，一味附和上司，“抬轿子”“吹喇叭”等，不仅不能博得上司的好感，还将失去重视与尊敬。试问哪个上司会对如哈巴狗一样对自己点头哈腰的人肃然起敬？你如果过分附和上司反而会引起他的反感和轻视，只有改变诚惶诚恐的心理状态，转而活泼、大胆、自信地表达自己的主见，才有可能赢得上司的尊重。

2.察言观色，了解上司的性格

在平时与上司相处的过程中，还应该学会察言观色，揣摩上司的心理，了解上司的性格。这样有利于你在与上司的谈话中处于上风。上司虽然是你的领导，掌握着对你的“生杀大权”，但是他毕竟是一个人，他有他的性格、爱好，也有他的言语习惯和处事方法。有的领导性格爽快，他喜欢“快刀斩乱麻”，遇事要干脆解决。在与他“交锋”时，展现你果断、处事敏捷的一面，对你大有好处。例如，上级叫你处理一件比较棘手的事，这时候你千万不要说“让我再考虑考虑”，这样会显得你做事黏黏糊糊，使得上级反感。如果这时候你能回答：“我马上处理。”相信这种冷静、迅速的回答，会为你在上司心中加分不少。当然有些领导比较沉默寡言，事事多加思索，遇到这种类型的领导时，你则要表现出自己沉稳并且心思缜密的一面，这样才能给上级你能“挑大梁”的印象。年轻人千万不要以为这种察言观色的行为是“迎合”，这是一种谈话中的心理战术，使用的恰当会让你在谈话中取得事半功倍的效果。

3.遇小事，自己可适当作抉择

上级每天要考虑的问题很多，所以，若在工作上遇到一些小事，就不要在他埋头处理大事时去打扰他，可以自己适当地作出一些抉择。事后，找一个适当的时机去向上级汇报。你应该根据自己的问题重要程度，去选择适当的时机。

例如，某个不太重要的客户突然来拜访，而你的上级恰好正在与另一个大客户周旋，这个时候你就不要立刻打电话询问上级应该如何处理，需不需要与这个客户见面。你可以用委婉的口气先让这个客户打道回府，或者告知上司去出差了，另行与客户约时间。

另外，一些个人琐事，如请假或者工作中遇到的小瓶颈，要懂得选择适当的时机去向上司说。不要在上司自顾不暇的时候，不断地对他提起这些小事，这样容易引起上司的反感，得到适得其反的结果。

在与上下级打交道的过程中，其实技巧多多。我们要懂得根据不同的情况做出不同的反应，切忌一概而论。另外，无论是上司还是下属，只要你能从工作出发，摆事实，讲道理，相信你的说服力在任何时候都可以帮助你取得最佳效果。

和家人闲聊、谈话的技巧

家是人生的避风港，一个美满的家庭，有如沙漠中的甘泉，涌出宁谧与安慰，让人洗心涤滤。然而要让这个避风港风平浪静，永远都风和日丽，除了需要我们的智慧外，有时还需要我们的“花言巧语”。

钱钟书在《围城》里说：“婚姻就像一座围城，外面的人想进来，里面的人想出去。”刚刚建立家庭的年轻夫妻，往往较轻易地剥去了恋爱中的伪装，开始松懈，于是引发出大大小小的矛盾。然而，组建家庭不是一段感情的终结，而是另一段人生旅途的开始，夫妻之间还有太长的路要走，有太多东西需要学习。家庭如一棵树，只有夫妻双方共同辛勤培植，才会枝繁叶茂，焕发勃勃生机。其中，学会与家人的沟通是至关重要的，那么我们怎样才能掌握与家人的沟通之道呢?

1.把握吵架的分寸

俗话说："夫妻床头打架床尾和。"可见，夫妻吵架是非常常见的，几乎每一对夫妻都要经历大大小小的矛盾和争吵。除了有原则性的分歧所致的争吵外，夫妻间的争吵一般多是那些没有实质性的分歧，就是因为说话的一方不注意技巧，让对方产生了曲解而引出误会。

小林接受前任男友的结婚喜帖，犹豫良久最后还是对老公说："我以前的男朋友要结婚了，他请我们去，你想去吗？"

老公一边看报纸一边不假思索地回答："行！"

小林有点惊讶老公会这么轻易答应，想了一想，又说："我是说你是不是真的想去？"

老公说："我不是说行嘛！"

小林觉得老公的语气有点在要脾气，于是赌气说："你要实在不想去，我们就待在家里得了！"

老公觉得莫名其妙，终于把视线从报纸移到小林身上："你干吗这样说话？"

小林有点生气地说："我干吗这样说话？还不都是你！我本来是征求你的意见，你却偏要和我吵！"一气之下，顺手拿起一个茶杯重重地摔在地上。

于是一场争吵发生了。现在我们再来追溯这场争吵的源头，我们发现是莫名其妙的。小林本来是好意征求老公意见，而老公本来对这件事也是毫无芥蒂地答应，但是由于双方使用的口气、神情不恰当，最终导致误会的发生。而小林在这场争吵中，最不应该的就是使用"摔东西"战术，一摔东西就表示和解无效，战争开始。就算老公后来有心和解，也不可能了。因此，人们在吵架中也要时刻保持清醒，最好能够"大事化小，小事化了"。不要轻易争吵，一旦开始争吵也尽量不要把争吵扩大化。我们要明白，有时候小吵是情趣，而大吵可是真的要伤感情了。

2.常用“甜言蜜语”

人们都明白在恋爱中需要“甜言蜜语”，然而却很少有人能够明白维系一段婚姻更需要“甜言蜜语”。很多人结婚后，觉得都成夫妻了还经常把“我爱你”“谢谢”这些语句挂在嘴边，不仅显得肉麻，还显得见外。其实不然。学会用动情的语言，能增加夫妻生活情趣，是恩爱夫妻的感情纽带之一。

例如，丈夫在生日的时候送给你一份礼物，女人们千万不要觉得这是丈夫的义务，心安理得地收下而不附带任何感谢词。其实这个时候如果你能说一句“谢谢你记得我的生日”或者“这礼物真漂亮，我好喜欢”，不仅使丈夫高兴，还会暗暗增加丈夫为你买礼物的兴趣。

另外，另一半出差在外，别忘了发几封邮件或者几条短信，让另一半知道你在思念他。一句简单的“甜言蜜语”不仅使人感到舒畅、清爽、甜蜜、兴奋，而且容易激起感情的浪花，避免夫妻间不必要的矛盾发生。因此你们千万不要忘记在婚姻中添加爱情的保鲜剂——“甜言蜜语”。

3.唠叨要不得

唠叨实在是一件要不得的东西，特别是对于婚姻中的双方。然而总有些人忽略了这一点，爱用絮絮叨叨来发泄自己不满情绪的人简直数不胜数。有的人从一早上就开始抱怨，另一半早上起得早，自己就抱怨他影响一家人的休息；另一半早上起得迟，又责怪他太懒散。这样的唠叨从早到晚，简直没完没了。这样的唠叨无疑为你的家庭埋下了一颗定时炸弹，隐藏久了注定要把你的家庭炸得四分五裂。

拿破仑的侄子拿破仑三世的婚姻就是葬送在妻子尤琴永无休止的唠叨上。当拿破仑三世坠入爱河的时候，曾经非常自豪地向自己的家族介绍这位美人：“我已经选好了一位我敬爱的女人，我从没有遇见过这样迷人的女人。”可见其对尤琴的迷恋之深。

然而婚后不久，尤琴的弱点就暴露出来了。在拿破仑三世面前，她总是百般挑剔，喋喋不休地批评他，指责他的种种不是，甚至身边发生的一点儿小事也会絮絮叨叨没完没了。她每天像中了邪一般人前人后数落丈夫的缺点。终于，拿破仑三世忍受不了妻子无休无止的“唠叨”，逃出家门去和情人幽会……

要记住，无论你认为多么重要的话，只说一遍，千万不要一遍一遍地重复。俗话说“过犹不及”，任何事超过太多都会引起他人的不满。经常听别人唠叨的人，精神所受的痛苦远比肉体上受到的刑罚更难以忍受。因此我们在家人面前一定要懂得及时闭嘴，唯有如此，你才会拥有一个美满幸福的家庭。

让感情升温的甜言蜜语

有的年轻人天性是比较沉默寡言的，他们并不擅长用语言将他们的感受说出来。因此在与恋人交往的过程中，打开话匣子的任务，就不能完全寄望在他们身上，而是你要积极主动地交谈。

俗话说：“谈恋爱，谈恋爱，恋爱就是谈出来的。”这句话虽然有点以偏概全，但是也充分说明了说话在恋爱中的重要性。处于恋爱期的男女朋友，对爱情尚未确定，彼此还需要加深了解。这时候我们说话的技巧、内容乃至说话的语气，都对你们情缘的深浅和能否走进婚姻殿堂，起着至关重要的作用。

姚妮和男友名彭是在大学中相识、相恋的，跨出校门走入社会后，名彭的工作一直不顺利。他先是没有考上公务员，后来去几家大公司应聘都失败了，于是只好在一家小公司当一名小小的策划。生活的压力和工作的坎坷让名彭整天都处于低落的情绪中，连和姚妮在一起都是眉头紧锁，一脸忧郁。

姚妮看在眼里，急在心上。一天，姚妮对名彭说：“我今天到庙里面找到了一位算命先生为你算命，算命先生说你是有福之人，以后必定能够飞黄腾达的。”名彭一听便知道姚妮是在说谎，姚妮从来不信什么神佛，怎么可能会去庙里面算命？不过是姚妮找个借口安慰、鼓励自己吧！不过姚妮的这番心思还是让名彭感动。后来不论遇到什么困难，姚妮都会在名彭身边说：“你还记得那个算命先生说的吗？困难是暂时的，你一定会飞黄腾达的。”名彭每次听到这句话，就会想起自己身后还有一个人在默默支持自己，心里就暖洋洋的。后来名彭终于凭借自己的能力闯出一片天，两人的爱情也在相恋8年之后开花结果。很多人在名彭婚后问名彭：“你和你太太的爱情怎么能走得这么长久？”名彭总是笑着回答说：“我早已离不开我太太温柔的声音了。”

恋爱都是靠嘴谈出来的，有好口才的人，恋爱才会有好结果。就像姚妮一样，恰当的话语、温柔的鼓励才能把男友网在自己的情网中。男女之间的爱恋期，尤其是男女双方在刚刚踏入爱河时，由于彼此之间不熟悉，所以，说话时一定要注意技巧。以下就为坠入情网的年轻人们介绍几种恋爱中的说话技巧：

1.甜言蜜语适当说

在生活中，许多人总是过于害羞，不习惯对恋人说一些甜言蜜语。但是无论是在工作还是在生活中，每一个人都是需要甜言蜜语的。因为在甜言蜜语当中，我们不仅能够感受到乐趣和温馨，同时也能提升自信。尤其是男人，他们往往希望女友能多说一些赞美之词来肯定自己的价值。

爱情是甜蜜的，甜蜜的爱情是需要用甜言蜜语表达出来的。一个人，如果不善于赞美恋人，就很难获得他的好感，更难得到他的爱情。在恋人心里，赞美如优美动听的音乐，悦在耳畔，醉在心中。赞美，会使他深深地感受到你的心迹：我时刻在关注你，我真心地喜欢你，你是我心中不可取代的太阳。

2.说话时要从容大方

很多人和自己心仪的人交谈，特别是在交往并不深的时候都会觉得害羞，然而这样的害羞反而会使你表现得扭扭捏捏，显得你小气。因此我们在与对方交往的时候一定要摒除害羞的性格，表现得大方得体。唯有这样，才能突显你把话说到点子上的气质。

要做到从容大方，在交谈的过程中可以很自然地用眼睛看着他。说话要淡定从容，不要太急促，显得紧张或局促不安，否则不仅会给自己造成压力，也会在一定程度上造成对方的不安与紧张。

3.寻找恰当的话题

在与对方交谈的过程中，恰当的话题是十分重要的。因为你们聊的话题不仅能体现你的文化水平、知识水平，也能在一定程度上反映你的教养和兴趣，彰显你的个性，为彼此之间的爱情奠定下坚实的基础。

如果你们刚刚开始交往，还不了解彼此的兴趣爱好，你不妨找些人们普遍爱好的事物作为谈话题材，譬如球类、音乐会、电影等，这些话题较为普遍，可以防止冷场和尴尬。如果你们交往已经有一定的时间，对彼此都比较熟悉了，你就可以寻找双方的共同兴趣或者爱好，这样的话题往往会使对方产生“惺惺相惜”的共鸣。另外，身边发生的一些小趣事或新鲜事也可以告诉对方，增加彼此的认知度。但是值得你注意的是，身边的事，可以说俯拾即是，你千万不要说得太过琐碎，最好要说得有趣而不繁复。

在交往过程中真诚是十分重要的，所以不到万不得已的时候千万不要说谎。简明、直率、不虚伪造作的话，宛如那潺潺的小溪，汩汩流入对方的心中，奠定了你在对方心中独特而不可撼动的地位！

家长与孩子沟通的说话技巧

很多初为父母的人，由于缺乏经验以及缺乏与孩子沟通的技巧，在孩子面前说话非常不注意。他们总是认为小孩子什么都不懂，因此说话也不需要什么特别的技巧，但事实却并非如此。语言在教育过程中具有神奇的力量：一句赞美可能会极大地鼓舞孩子，让他重新建立起自信；一句批评也可能会让孩子彻底泄气、一蹶不振。更有专家表示："父母对孩子说什么样的话，孩子就会成为什么样的人！"

因此人们也都应该掌握和孩子的沟通技巧，这不仅仅是说话水平的体现，也是家庭教育中的重要一环。我们只有掌握了一定的说话技巧，才能和孩子更有效地沟通。以下就为你介绍几种和孩子说话的技巧：

1.站在孩子的角度说话

和孩子说话的时候要多站在孩子的立场，多关心孩子，了解其想法和需要。唯有这样，孩子才会愿意主动和你交谈，你才会真正走进孩子们的世界，和他们融成一片。

孩子们在很多时候不能和父母在思想上达成一致。例如，当孩子经常因为在学校和同学们闹矛盾而受了委屈，他细腻幼小的心灵很可能会难过半天。假如这个时候孩子向父母哭诉、抱怨，而很多父母却认为这是一点小事，根本无足轻重，还一味地跟孩子说大道理，如"没关系，坚强一点"或者"这只是小事，以后你会遇到更多的挫折，你根本没必要为这点小事伤心"，这些话只会让孩子觉得父母一点都不能体会他的感受，久而久之，也许孩子会拒绝和你沟通。如果在这个时候，你能够先易地而处、站在孩子的立场想一想，并且以同情和理解的态度对待孩子，适时安抚他、给予些亲情慰藉，相信不仅能够缓和与孩子的交流气氛，而且能够进一步有效促进与孩子的沟通。

琴子一直和孩子保持着良好的关系，她和孩子之间经常无所不谈，孩子不仅把她当成母亲来尊重，还把她当成朋友来交心。能够和孩子相处得如此之好，自然让其他母亲羡慕不已。当问及，她是如何和孩子相处得如此之好的时候，她笑着说："我给你举个例子吧。我的孩子刚上幼儿园时，每天都在我身边闹我。我虽然很烦，但是想到毕竟是孩子希望和我分享喜怒哀乐，因此还是每天坚持和孩子谈天。后来，孩子长大了，无论他遇到什么问题或者做什么决定之前会主动和我说。我听过很多家长抱怨说孩子长大了之后什么事都不跟他说，其实这很可能是他们在孩子年幼的时候没有站在孩子的立场，积极与他们沟通的恶果。因此父母说话时一定要站在孩子的立场上，多为孩子着想。

2.多赞扬，少批评

有些父母在和孩子发生矛盾的时候，常常因为生气或者愤怒而口不择言地责骂孩子，这其实对孩子的成长是十分不利的。著名心理学家、儿童研究专家和作家米勒说过，一些不恰当的话，如“你怎么这么傻”“我对你已经彻底失望了”等都会产生可怕的后果。这些不当的严厉措辞，会严重地伤害孩子的自信心和自我价值感，说不定还会让孩子一生都在心里留下阴影。

相对地，正确和积极有效的语言能在教育孩子的问题上比较容易地达到目标，也能使孩子改变对自己的评价，建立起自信心。用赞扬的方式和孩子对话，还可以增强孩子对父母的信任感，增强孩子与父母进行交流的自信心，增进这种亲人之间的关系。在赞扬声中长大的孩子往往能找到自尊与自信，获得健全的人格。

另外，万一你一不小心说出那些伤害孩子的话，那也一定要亡羊补牢地及时向孩子道歉。这时候千万不要再想那些父母的尊严，还有什么东西是比孩子健康的成长更重要呢?

3.注意恰当用词

有些人为了在孩子心目中树立起父母的“威严”，经常使用命令式的语句，如“不要将你的玩具到处乱放”“不要与小朋友吵架”等。是的，孩子在大多数父母眼里只能听命于大人，因为他们还很弱小，根本无力与你抗衡，不敢违背父母的意志。但是高声训斥虽然能暂时制止住孩子的不良言行，但孩子口服心不服，久而久之会产生对立情绪，以沉默、固执等方式对抗，甚至养成“当面一套，背后一套”的坏习惯。

父母在和孩子交流的过程中，只有放下架子，用孩子易于接受的语言，孩子才会真正把父母的话听到“心”里去，并应用到自己的学习和生活实践中。只要你与孩子能够尽可能地改变讲话的方式，就能看到令人惊喜的好结果。比如，对孩子说：“请你整理好自己的房间。”“要好好和小朋友一起玩。”这类比较正面积极的教导所带给孩子的信息，就能使孩子容易接受。

教育专家说：“孩子是一个独立的生命，他们虽然还小，但他们同样有自己的思想，有自己的好恶，有自己的爱恨，有自己的欲望。父母如果不考虑这些，只凭自己的一厢情愿采用孩子难以接受的语言与孩子说话，那么，你要想达到理想的教育目的，则是很难的。”因此，父母在和孩子的相处过程中，千万要注意恰当用词！

孩子的健康成长，需要靠父母的智慧和说话技巧去营造适当的环境。父母们千万别忘了在关心孩子之余，也要选择适当的说话技巧，这样才能使你和孩子的关系更上一层楼！

第7章

学会说软话，既求于人就别气傲心高

服软要分清场合、摆正心态

小林毕业后进入一家小公司实习，经理为了考验小林的实际工作能力，就让他做一份策划。当小林做好策划拿去给经理看时，经理却只是摇摇头说了一句：“再改改吧。”小林当时很纳闷，可又不好意思再多问就走出了经理办公室，刚一出门就碰到了这家公司的元老级人物——谢主管。

谢主管笑着问：“小林，是不是策划没有被通过呀，要不要我帮帮你？”小林没好气地来了一句：“就你，还是算了吧！”就头也不回地走了。此后好几次小林把改好的策划案拿去给经理看，但都被经理否决了，小林很郁闷，这时候他想到了谢主管。

小林来到谢主管的办公室门口，犹豫了半天，还是敲了门。进去后，谢主管一看是小林就冷冰冰地说了一句：“林大学士，找我有何贵干呀？”小林一听，心想现在自己有事求人家，怎么也得说点软话吧。

于是小林就笑着说：“谢主管，您看您现在也是我们公司的老前辈了，在策划这方面又是把好手，你就帮我看看这份策划案吧，帮我指点指点迷津。”谢主管听完后不屑地笑了笑，说：“你可是名牌大学的毕业生呀，像我们这种没什么学历背景的人怎么能和你比呀，更别提指点了，不敢当呀！”小林听后心里很不是滋味，但停了一会还是开口说；“谢主管，我知道您虽然学历不是很高，但在实践方面你可要比我们这些刚出茅庐的傻小子强很多呀，您就帮帮我呗。您现在就是我师父，师父在上，请受徒儿一拜！”说着小林还深深地向谢主管鞠了一躬。

不论是在职场还是在生活中我们都要学会服软，学会说软话。这个世界很大，所谓天外有天，人外有人，不要觉得自己拿了名牌大学的文凭就可以只身闯天下，永远不要忘了知识来源于实践，那些书本上的知识也需要在实践中不断得到完善，遇到自己不能独自完成的工作时要学会向资深人士请教，而在请教中也要注重方法，说服软的话是必须的，可是也要把握尺度，不然服软的请教就会变成献媚。在现实生活中，我们在说服软的话时应该注意些什么呢？

1.要分清场合

俗话说："见鬼说鬼话，见人说人话。"不错，说话一定要分清场合，尤其是说服软的话。在不同的场合，即使说相同的话也会带来不同的寓意。如果你的能力确实不如别人，某件工作你确实胜任不了，你需要他人的帮助，这时候你就需要服软。也许他人的学历没有你高，但他的能力比你要强，这时候你就要说："前辈，您的资历比我深，工作能力比我强，您给我指导指导吧！"可是如果这句话不是在办公场合说的，而是在娱乐场所或是宴会上，就会让他人觉得你是在讽刺，是在挖苦。

所以，说服软的话也一定要分清场合，不要你自己觉得你是在向别人讨教，而在别人看来却是在讽刺挖苦。

2.要摆正心态

不要觉得向别人说一些服软的话就是在降低自己的身份，所以在说服软的话时一定要摆正自己的心态。

刚刚毕业的大学生初次进入职场总想着大展宏图，觉得自己是大学本科学历，眼里容不下那些没有什么学历只会埋头苦干的人，可事实上呢，他们却忘了最重要的一点，那就是知识来源于实践，那些书本上学来的知识也需要在实践中不断得到完善。

学会说服软的话也是一种能力，只要摆正心态，服软反而会让你受益匪浅！

3.要注重口吻

我们都知道，不同的话用不同的口吻说出来，就会有不同的寓意。在当今职场上大家都处在相同的竞争环境中，每个人都是敏感而脆弱的，所以我们在向别人说服软的话时一定要注意自己的说话口气。如果你需要一位一直都不如你的人的帮助的时候，就要用请求的口吻说："你可以帮帮我吗？"如果你在说这句话的时候用的是一种冷冰冰的口气，那个人会觉得你是在命令他，而不是在征求他的同意。

所以，不论是在生活中还是在职场上，在说服软的话的时候一定要注意自己的口吻，不要因为自己小小的疏忽而错失机会！

动之以情，适度为之

小张今年刚刚20岁，可是在他身上却发生了很多悲惨的故事。小张15岁的时候正在上初三，他的父亲在工地上不小心被掉下来的水泥板砸伤了腿，从此小张家的顶梁柱倒了，家里再也没有能力供他上学，他不得不辍学回家。

从学校回家后，小张就开始帮别人干一些零活，再加上小张妈妈帮别人缝补衣服，家里也勉强可以度日，就这样过了五六年，小张也长成了大小伙，能帮家里挣更多的钱了，可是小张的妈妈被检查出患了白血病，一下子整个家又被笼罩在了悲伤和绝望中。这时候小张听说他爸爸曾经干活的那个工地的老板现在发了大财，于是小张就想去找找这位老板，希望他能看在父亲为他干了那么多年活的分上帮帮他们。

小张找到那位老板的住处，可是不管小张怎么说，老板都说不认识他，无奈之下，小张拿出了老板曾经送给他父亲的一条毛巾，然后对老板说："您还记得吗，您刚开始包工程的时候，找不到助手，别人不是偷工减料就是虚报账目，无奈之下您来请求我爸帮你，当时我爸毫不犹豫地答应了，我爸说因为你们是好朋友、好兄弟。现在您生意做大了，而我爸也因为您……"那位老板打断了小张的话，小张抬头发现他已经泪流满面。

现在的生活节奏越来越快，人们追逐的更多是金钱名利，而感情却越来越被人们所淡忘。不管是在生活中还是在职场上，也不论是你帮助别人还是别人帮助你，都需要一种合适的方法来打动对方。所以我们要把被人们遗忘的那份真情找回来，动之以情，晓之以理，只有这样才能使我们在向别人请求帮助的时候获得可喜的结果。那么在对别人动之以情、晓之以理的过程中，又应该注意些什么呢？

1.学会尊重对方

每个人身上都有许多故事，有些故事也许对于他来说是美好的，但有些故事也可能是他这一辈子都不愿再提起的记忆，那是属于他的隐私，他不想也不愿意被别人一次又一次撕开那些尘封已久的伤疤。所以在我们请求别人的帮助，想用真情打动别人的时候一定要记得，不要去揭别人的伤疤。

对别人有所求时，要学会尊重对方，不要去揭对方的短，只有这样才能真正收到良好效果。

2.适度而为之

不管是真情还是假话，都要有一定的度，超出了这个度，一切也就违背了最初的意义。感情是个很微妙的东西，更需要把握一个度。在你想用真情来打动对方，请求别人帮助的时候，不要一味地诉说你们之间的点点滴滴，大到你为他赴汤蹈火，小到你为他做饭洗衣，其实这种“诉真情”不是真的诉真情，反而让对方觉得你是在邀功，这样也就歪曲了你原来的本意。

在用真情打动对方的时候，要学会适可而止，要让对方有机会喘息，交流是互动的，双方都需要思考，你在诉说的时候也要给对方留下思考的时间，这样才能真正地打动对方，也才会真正实现动之以情、晓之以理的目的。

3.用真情

有很多人喜欢利用别人的弱点来达到自己的目的，而恰好很多人最致命的弱点就是太重感情。所以有些人就在请求别人帮助的时候，胡乱编造一些故事来博取别人的同情。比如，有些人为了向别人借钱，就说自己家里多么的贫寒，父母病得有多么严重，弟弟妹妹辍学等一系列事情来欺骗对方，这种方式是不可取的。只有真情才能真正地打动对方，用那些编造的谎言换来的只会是昙花一现的泡沫。

所以在对别人动之以情、晓之以理的时候一定要记得用真感情，只有真实的东西才是最能打动人的。

把握稍纵即逝的时机

王华英是大学的一名政治老师，她的教学幽默风趣、讲解独到，常常使其他班的学生放弃上专业课，而偷偷地来听她的政治课。

一次王老师走进教室准备讲课时，却看到学生正在议论昨晚的女排比赛。

面对这不在备课范畴的情况，王老师并没有命令学生们停止议论，而是兴致勃勃地加入了讨论，谈起了自己的感想。两三分钟后同学们静下心来听老师独到的讲解时，她却巧妙地将话锋一转。

“中国女排的胜利为中国人争得了荣誉，它证明了中国人的伟大，但是中国在科学、经济上还很落后，被人瞧不起。我们也要有中国女排队的这种拼搏精神，在科学和经济建设方面都要努力迎头赶上欧美国家。因此，从现在开始，我们就得好好珍惜每一次的学习机会，认真学习每一堂课。”

王老师真的不愧为一名大学的政治老师。她凭借多年的教学经验顺水推舟，顺着学生们强烈的爱国热情一推，顺势就当前中国的实际情况进行讲解，再将学生们的热情与现实绑定在一叶舟上，不仅很快恢复了课堂教学秩序，还借中国女排的胜利激励学生努力学习，起到了很好的教学效果。时机随时随地等待我们去掌握，因为它在我们不经意间就会出现。我们要把握时机，不能让它从我们身边轻而易举地溜走。那么面对稍纵即逝的时机，我们该怎么样去把握它，又该怎么样去利用它？

1.时机不是自己创造的

时机不同于机会，是可遇而不可求的。面对一件事情的时候，对于机会我们经常这样说，不管有没有机会都要做，有机会就把握住机会，没有机会我们就创造机会去做。比如，两个人谈恋爱，但是整天都忙于工作没有机会见面，于是就创造机会去约会见面。

然而，时机就像缘分一样。不是没有见面的机会，而是两个人的缘分没到。面对那种可遇而不可求的时机，我们能做的只有等待。

2.瞬时把握时机，顺势才能解围

“机不可失，时不再来”，说的就是在时机面前我们要把握时机，时机不可失去，一旦失去了便不再有了。时机的出现是瞬时性的，只有把握住了这样的瞬时时机，才能为我所用。就像案例当中的王老师眼前的大好时机一样，这样的时机可能就这一回出现。王老师如果不利用这次天赐的良机，而是运用命令式的语言进行表达，虽然也可达到使学生们停止议论、保持课堂安静的目的，但她无法让学生的思维从女排比赛中走出来，在校园里也就得不到对她的美誉了。

生活中那些瞬时出现的时机太多了，要看我们怎么把握。把握住时机，然后利用时机给自己解围，给自己铺垫下台或者是进一步升迁的台阶。只有在一瞬间把握了时机，才能顺势利用这次时机来为我所用。

3.顺势即兴表演为自己获得成功

那些意想不到出现的时机，既让我们感到意外和紧张，又让我们恐惧和惊喜。在职场上，有时候一个突如其来的时机出现在你面前，要是你觉得紧张而没有好好把握这次绝好的时机，你就会因此失去这次升迁机会。你一旦抓住了这样绝好的机会，再来一个借题发挥，即兴表演一番，进而顺势夺取胜利，这样反而能显示出你的机智和聪慧来。在你看来只是小事一桩，但也许就是你那小事一桩的借题发挥和即兴表演就会被领导所看中，那么你离成功的道路就已经不远了。

因此，生活中我们一旦碰到那些突发事件时，它或许就是你一步登天的大好时机，你只有巧借其势，用巧妙的语言形式，自然地加以即兴表演，才能达到扭转局势的目的。

从共同利益出发说服他人

蔺相如是春秋时期赵国的臣子，在诸子百家战火争锋的过程中蔺相如为赵王挣足了面子，赵王为了答谢他的丰功伟业便让他当了赵国的相国。

这使得赵国的大将廉颇看不过去了，他认为蔺相如单凭三寸不烂之舌就超越了自己，很是不服气，决定要找机会让蔺相如难堪一回。

蔺相如知道廉颇的想法后就开始处处躲着廉颇，甚至在街上相遇了都赶紧绕道走开。蔺相如这样的处事态度让他的下人看了非常奇怪，直接向蔺相如问道："相爷，咱们怕他作甚，我们打不过他吗？大不了一拍两散，谁怕谁啊？"

蔺相如这时说了一番感动天下所有君王的话："我蔺相如怎是个怕事的人，可你们想啊，赵国就靠着我和廉颇撑着大局，我们闹翻了，其他的国家还不趁机灭了我们？为了国家，我忍了。"

不久廉颇知道了这件事，感到羞愧难当，就光着膀子，背上荆条去给蔺相如请罪，说道："我心胸狭隘，请相国责罚我吧。今后我唯您的令是从，别国胆敢来我们赵国闹事，我就和他们拼了。"蔺相如赶紧把他扶起，二人从此成了莫逆之交。

在所有的利益面前，集体利益首当其冲。因为集体没有了，个体也将不复存在，所以我们在处理个人利益与集体利益之时，要特别看重集体利益。从大局出发，就会赢得大家的一致赞同。蔺相如是个交际的能手，他善于与人为善，通过他的行动改变了别人与他为恶的立场，获得了极大的成功。正是因为蔺相如那种舍小家而为大家的大局思想，才能赢得像廉颇这样的大将的拥护。

在我们的身边整天发生着许多和利益有关的事情，有的人就是看重个人利益，才导致了大家一起受损。那么，我们在与人交往时怎样才能做到从共同利益的角度说服对方呢？

1.找准切入点适时说服

在经济社会高度发展的今天，若以诱人的经济利益为代价，那些见钱眼开的人就会做出只认钱而不认人的事情了。在与这样的人交谈时，我们首先要了解他的性格以及一些缺点。爱钱既是他的性格又是他的一个致命的缺点，所以我们可以从他爱钱这一缺点去进行说服。

比如，我们在谈判时遇到一位爱钱的老板，在利益面前总是谈不妥。这时我们不妨试着从公司的长远利益出发，或者以社会慈善事业为契机去说服他，促使双方的谈判成功敲定。

2.利用大家这个共同体来给对方施压

大家是一个共同的载体，是一个监督的舆论体系。为了各自的利益，我们在谈判时不妨借助大家的手，利用大家共同的力量去给谈判对方施加点压力，让他在大家的眼皮底下为大家妥协，让他在压力之下学会做人。

所谓会做人是指会站在大家的立场来考虑，考虑大家的工作，也要为他们争取利益，并且实际关心他们的生活。

3.选择合适的时机

利益是合作的共同体，每个人在和别人合作或是寻求别人帮助的时候都会找彼此之间的共同利益，以此来实现自己的目的。而在这一过程中时机的选择也十分重要，要注意避免选择在干扰较多的氛围中进行说服，要避免选择被说服对象情绪反常的时候（如极度兴奋或沮丧）进行说服或寻求帮助。从心理学角度分析，人在心情舒畅、精神状态良好的时候容易接受别人的意见。所以，站在大家共同利益的角度来说服别人或是请求帮助的时候，一定要选择合适的时机，不要因为对方情绪不对或是时机不合适而失去合作的可能性。

无论你在什么时候做事，只要有求于人或者别人有求于你时，在与人交谈或者是谈判时，都要记着从大局出发，站在大家共同的利益下为大家着想，你才不会因为势单力薄而害怕失败，因为大家永远是你的力量之源。

稳住心沉住气，别太心急

小王是一家外贸公司的广告策划，一天老板给了他一份广告提案，要他做一份报表，而且特别交代他这件事情只有他们两个人知道。小王上网查资料熬了好几个通宵才把报表完成，过了几天当他把报表送去给老板的时候却发现老板的桌上也放着一份相同的报表，小王很纳闷，可是又不好意思直接问老板，所以把报表放下就从办公室出来了。

可是这件事他越想越觉得奇怪，他很想弄明白到底是怎么一回事。可他又不好意思直接去问老板，所以他就想到了老板的助理——张姐。想到这，小王就匆匆去了张助理的办公室，他一进门就对张助理说：“张姐，老板不是就让我一个人做那份报表吗，怎么我今天去送报表的时候，老板桌子上也放着一份和我的一模一样的报表呀？”张助理抬起头愣了愣，然后冷冷地说了一句：“你问我，我问谁呀！”小王又脱口而出：“你怎么会不知道，这些不一直都是你在整理吗？”张助理听后白了小王一眼说：“我说不知道就不知道！”小王看张助理好像生气了，也就不好意思再追问什么了。

其实生活中像这样的事情很多，也许张助理知道事情的原委，可是像小王那样心急地逼问，是谁都没有心情再告诉他事情的真相。无论是在生活中还是在工作中，当我们遇到问题要向别人询问时，一定要沉稳，所谓心急吃不了热豆腐。如果你在询问时一味地强调自己的来意，而忽略了对方的感受，那你又怎么会得到自己想要的结果呢！不论是请求别人帮助还是咨询别人问题都一定要注重自己的语气，注意自己的思维，不要把别人逼到死角！那么在实际操作中，我们又应该怎样对待“心急吃不了热豆腐”呢？

1.遇事要沉得住气

生活中有很多挫折与失败，不要每次面对这些的时候就暴躁、冲动、埋怨。同样在职场上，要询问别人问题或需要别人帮助的时候，说话一定要讲究方式方法。如果你需要别人帮你弄清楚某些事情，你可以这样说：“请问，您知不知道×××是怎么一回事呀？”如果你一旦收到坏消息就急匆匆地跑去对那个人说：“这件事情一直是你在操办，这到底是怎么回事？”这样的口吻和语气别说是人，就算是神仙听到后也会生气吧。所以遇到事情的时候我们一定先要沉住气，多思考思考该怎么说，多想想怎样说对方更容易接受一些。

有时候你越是沉不住气，就越容易暴躁，越容易冲动，最后也就会发生“心急吃不了热豆腐”的闹剧。

2.站在对方立场考虑问题

每个人都是感性动物，在碰到一些涉及自己利益的事情时，人都会优先考虑自己。尤其是现在十八九岁的年轻人，血气方刚，自我意识也很强。所以在生活中遇到问题需要别人帮助的时候总是从自我意识出发，询问别人的时候一张口就是“你怎么会不知道？”“你怎么能不知道？”这就是现在年轻人的真实写照，而他们恰恰忽略了对话和询问是两个人的事，不是自我模拟。所以在对话的时候就会出现事与愿违的情形，自己越是急切地想知道结果，说话时就越是突出自我，而忽略别人的感受。在实践中，沟通需要技术，在你和别人对话的时候多想想别人，多站在别人的立场上考虑考虑，用一种对方能够接受的方式来沟通，就一定会事半功倍！

3.学会释怀和放弃

每个人都不是万能的，不管是年轻人还是老年人，都有自己的弱点和缺陷。俗话说得好“取其长补其短”，每个人都需要别人的帮助，需要别人的理解与支持，所以不管是帮助别人还是被别人帮助，都要学会释怀和放弃。在你询问别人的时候，别人没有给你想要的答案，也许是他真的不知道，不要对此耿耿于怀，要学会释怀。在你需要别人的帮助时，你连续问了好几个“可不可以”，而对方都只是摇头，这时候你不要再一味地追问“为什么”。每个人都有自己的意愿，不是谁都可以满足你的利益。在这种时候如果你紧咬着不放，反而让对方觉得厌烦，“心急吃不了热豆腐”。

在适当的时候学会放弃，在合适的时候学会释怀，既是一门技术也是一种能力，不要对那些拒绝你的人一遍又一遍地逼问，那样只会事与愿违。

第8章

人情话说好，亲近之人也要来点蜜语甜言

察言观色，把话说到对方心里

许多年前，我国著名的相声大师马三立曾经说过一段相声，名字就叫《人情话》。他在相声中说，日常生活中说话，要讲究分寸，也要讲究艺术，说出来的话要让人爱听。“未语先观来意，开言要顺人心”，察言观色，将话说到对方的心坎上，才能受人欢迎，否则就会遭人厌恶。

他在相声中讲了这么一件事：

一个年轻人遇见一位老大爷，于是便开口寒暄：“大爷，您今年高寿？”

“小着哪，七十六。”老大爷回答。

“哎哟，您不说我还以为您才六十出头呢！看您这精神，多好啊！人间五福寿为先，老爷子，您活到九十九没问题。”

老大爷一听乐坏了，立刻就拉着小伙子邀他到家做客去。

还有一位年轻人也遇到了这位老大爷。他是这么说的：“大爷，您今年多大岁数啦？”

“小着哪，七十六。”老大爷回答。

“七十六还小？好家伙，不小了。好家伙，你都完了你。七十六了，我看你这模样，你像九十多岁的。怎么样？还能吃东西吗？够戗够戗，你呀，有造化，赶上这时候了。要是秦始皇那年头，六十不死活埋，你都埋十好几年了。”

可想而知，老大爷气得胡子直翘，连声喊：“滚蛋！滚蛋！”

这虽是一个笑话，但却说明了一个道理：人人都爱听好听的话。俗话说：良言一句三冬暖，恶语伤人六月寒。常说人情话、善于说人情话的人必定是心怀善意的人，也一定是善解人意的人。

人情话好听，人人都想说好人情话，那么怎样才能将话说到对方的心坎里呢？最简单的方法便是察言观色。察言观色是直击人心的关键。一个人的衣着、行为、姿势都会在毫无知觉之间出卖他的主人，仔细观察、用心揣摩，才能了解人心、懂得人性，说出的话才能让对方听了如沐春风。

高中同学聚会，朱大山因为最近生意做得风生水起，赚了一大笔钱，还包养了一个漂亮的“小情人”，因此得意洋洋、沾沾自喜，在酒席上大肆吹嘘起来。然而，他却没有注意到同桌的老同学李小华脸色却越来越阴沉，闷着头一根接一根地抽烟。

原来，和朱大山相反的是，李小华最近做生意亏了本，老婆也因此和他离婚，跟一个“大款”跑了。李小华正处于人生的低谷期，听到李大山的话，无异于在他心口上撒盐。周围有了解内情的同学，察觉他脸色不对，便连连朝朱大山使眼色，但朱大山却沉浸在自己的“辉煌战绩”中，浑然不觉。

终于，当朱大山说到“女人就是贱，谁有钱就跟谁；但男人没本事，也难怪留不住女人”时，李小华终于忍不住了，他大声说了句：“屁话！”朱大山一听，立刻跳了起来：“你说谁‘屁话’？”

“就说你了，怎么的？”李小华憋了一肚子气，没好气地大声回答。

朱大山自然火冒三丈，一场恶战不可避免地开始了。最后，同学会不欢而散，朱大山与李小华这一对昔日好友也成了老死不相往来的陌路人。一对老朋友反目成仇，令人唏嘘。然而这一切都是因为朱大山在说话时未能察言观色、谅解他人所造成的恶果。俗话说：“矮子面前不说短话。”李小华的不快已经摆在脸上，但是朱大山却依然口不择言，碰触他人的痛处，难怪李小华会勃然大怒，两人交恶。

可见，察言观色在人际交往中是何等重要。不会察言观色，就相当于不知风向便去转动舵柄，最后处处碰壁，甚至伤人伤己；而学会察言观色，就可以进行正确的推理和判断，观人于咫尺，在人生的竞技场上挥洒自如。

说话水平的高低直接影响着人生的成败与得失，这一点是人人都明白的道理。若想做一个说话的高手，说好人情话、将人情话说到对方的心里，就一定要学会察言观色。了解对方的内心世界，才能对症下药、顺应人心。

了解对方意图之后再表达

俗话说“看菜吃饭，量体裁衣”，意思是无论做什么事情，都要具体情况具体分析，看当时的情形而定。说话也是如此。因为我们打交道的对象是人，而每个人的性格、个性、习惯、喜好等各有不同，因此在与人交谈时，必须练就一双善于观察的眼睛和一颗善于体察的心。根据谈话对象的身份、性格及喜好的不同而变换说话方式，才能在每一种环境下游刃有余，才能更好地完成沟通与交流。

人际关系不可谓不复杂，用“风云变幻、高深叵测”来形容也不为过；但人际关系其实又很简单，只要记住因地制宜、因人而异就一定能够无往而不利。要知道，人们的心理对于双方是否能够实现成功的交流有着重要的影响。所以，面对不同的谈话对象，开口之前一定要三思，要充分考虑对方的身份、心理与性格等，了解对方的意图和心思，只有这样，才能引导谈话成功，才能走进对方的内心。走进了对方的内心，沟通与交流也就能顺利地实现了。

若想做到说话得体、事事圆满，就要懂得随机应变、因人而异。这不仅是说话的技巧，也是为人处世的智慧。“穷则变，变则通，通则达”，说话时因时、因地、因人、因事而适时变通，才能成为能够灵活变通的语言艺术家。

当然，每个人的个性与性格也不可能明白地写在脸上，这就需要我们做一个善于观察、精于揣摩的人，根据人们不知不觉在肢体、表情或者语言上所流露出来的蛛丝马迹，深入对方的内心世界，准确地把握他人的心理、情感。只有这样，才能顺着对方的思路，引导谈话顺利进行，同时不露声色地达到自己的目的。因此，说话之前一定要先摸透人心，然后再开口，才能把人情话说得动听圆满，才能把话说到对方的心坎里。

夫妻关系也需要甜蜜的人情话来调和

这世上什么人之间的关系最亲密？毋庸置疑，一定是夫妻关系。是的，还有什么人能比夫妻之间更加亲密无间呢？人们常说：夫妻本是一体。因此有人便认为夫妻之间应坦诚相待，有话直说。然而，“坦诚相待”固然是夫妻相处的基本原则，但是“有话直说”则应视具体情况具体分析，一味口无遮拦、信口开河，一样会伤害夫妻感情。

夫妻关系需要尊重与温暖。我们先来看看下面两对夫妻之间发生的故事：星期天上午，孩子被姥姥姥爷接去玩了，家中便只剩下了小云和丈夫两人。小云想好好享受一下二人世界，但是丈夫却一直趴在电脑前，小云叫了几次，丈夫只是“嗯”了几声，却动也没动。小云很生气，一下子将电脑插头拔下来：“一天到晚玩、玩、玩！你一会儿不玩电脑会死啊？”没想到丈夫这一次不是在玩电脑，而是在整理公司的资料，小云这一拔插头，他辛辛苦苦整理出来的资料一下子全没了。丈夫火冒三丈，大声骂道：“你神经病啊！”小云一听，勃然大怒，上去扭住丈夫便厮打起来。就这样，一个好好的周末被破坏了不说，还极大地伤害了夫妻之间的感情。

小雨家也是这样的情形，但是小雨处理的方法与小云却有着天壤之别。小雨叫了丈夫几次之后，见丈夫没挪窝，便走到丈夫身边，轻声说：“我知道你工作认真，但是也要注意身体。你可是咱们家的天呢！去沙发上躺一会好不好？我帮你按摩一下。”丈夫感激地拍拍小雨的手，略带歉意地说：“好久没陪你了。今天孩子不在家，我们好好享受一下二人世界。”说着便将小雨抱了起来，两人度过了甜蜜的一天。

同样的情形，不同的说话方式，造成了截然不同的结果。小云和小雨的出发点都是相同的，然而小云的话说得简单而又粗暴，激起了丈夫的反感；而小雨则说得委婉而又动听，一句句人情话直沁丈夫心田。小雨借着夸赞和关心丈夫的话，婉转地表达了自己的意思，试想，有哪个男人会冷落这样的妻子呢？

可见，无论什么人之间的相处，都要讲究沟通与交流的方式，夫妻关系也不例外。方式对了，夫妻关系才能和谐、融洽；方式不对，就很难实现彼此之间和谐的交流与完满的沟通。多说一些赞美、夸奖的人情话，多说一些关心体贴的知心语，夫妻关系才能甜蜜和谐。

谨记：即便是再亲密无间的夫妻之间也不能无所顾忌地“直言不讳”，讲究说话的方式与技巧，巧妙运用、灵活应对，才能避免发生不愉快的冲突，才能维持和谐融洽的夫妻关系。

用人情话为同事关系润滑

提起同事关系，大家想到最多的或许是那句话：职场如战场，同事便是竞争对手。其实，单纯地将同事定义为竞争对手是狭隘的，也是愚蠢的。当今社会，单凭一个人的力量不但无法获得成功，甚至可能寸步难行。职场其实不仅仅是竞技场，有时它更像一个大家庭，每个人在这个家庭中学习、成长，积累成功所需要的一切技能、资源与人脉。所以，同事关系一定要相处好。职场之上，良好的人际关系是助你成功的一个重要法宝，同事之间的友好协作更是你晋升加薪、走上成功之路的有力保障。

与同事之间的相处，讲究和谐、融洽，这样不但可以令自己有一个舒心愉快的工作环境，还有利于工作的顺利开展，促进事业的发展。那么，怎样才能营造和谐、融洽的同事关系呢？注意说话方式是其中非常重要的一条。

人人都爱听好话，无论是赞美的话还是关心的话，只要足够真诚，就一定能说到对方的内心世界里去，就一定能让对方欣然接受。心理学家曾说："渴望被人赏识是人最基本的天性。"既然渴望赞美是每个人的天性，那么我们就应该学会满足对方的这种天性。一句由衷的赞赏或真心的夸奖，便会令同事在欣喜之余，更感激你的好心与豁达。

小王发现同事琳琳一到办公室便气鼓鼓地坐在座位上，仔细一看，便明白了：琳琳剪了个男人头，她一定是因为不满意自己的发型，所以才暗生闷气的吧？于是小王装作不在意的样子，走到琳琳边上的饮水机处去倒水，然后像发现新大陆似地叫起来："哇！琳琳，你的新发型哪剪的？真好看！"

琳琳气呼呼地说："别提了！我叫理发的稍微剪短一点点就行了，他竟然给我剪了个男人头！"

"难道没人跟你说其实你更适合剪短发吗？我看你这是因祸得福了，应该好好感谢那个理发的才是。"

琳琳疑惑地看着他，摸摸自己的头发，问："你不会为了宽慰我才故意这么说的吧？"

"怎么可能？真的很好看。"小王认真地端详着琳琳的头发，真诚地说，"你还记得奥黛丽·赫本的标志性短发吗？干练、利落，又不失活泼、俏丽。你剪了这短发，看起来还真有些像她呢！"

"我哪能和奥黛丽·赫本相提并论？"琳琳虽然知道这话有些言过其实，但还是很开心。她一扫原先的郁闷，笑着说："王哥，谢谢你。你这么一说，我的心情可好多了！你的报表做完了吗？没做的话我帮你做吧，反正都差不多，只要改两个数据就可以了。"

"看来感谢理发师傅的应该是我才对了！"小王戏谑地说，大家开心地笑了，办公室内一片暖意融融。

一句赞美，即便与工作无关，也能成为在彼此的心灵间架起桥梁的契机。其实说几句话不过是举手之劳，但却能让同事感受到你对他的关心与在意，可以令对方迅速对你产生好感。小王正是通过这样的方式，不但让他人排除了烦恼，也给自己带来了意料之外的惊喜。因此，身在职场，不妨让自己的心思变得细腻一些，观察同事最得意的地方，如穿衣品位、工作态度、爱好兴趣、办事效率，甚至他那让人羡慕的健康等，然后用赞赏的语气说出来，那样，定会让你在与同事的相处中如鱼得水、游刃有余。

当然，无论是赞美的话也好，关心的话也好，同事之间的人情话一定要注意一个原则：不可言过其实，否则就会令人听起来别有用心、另有所图。真诚是说好人情话，将人情话说到对方心中的最基本的要素。离开了真诚，人情话说得再漂亮，也会像一个没有了灵魂的美人一样，令人索然无味。

乡音是最好用的人情话

中国是一个乡土观念很重、十分讲究乡情的国家。每一个地方，都有自己独特的文化意识、风俗习惯乃至礼仪人情，因此，老乡关系也就成为最具凝聚力与亲和力的人际关系之一。“美不美，家乡水；亲不亲，故乡人。”巧妙地利用乡音作为纽带，建立人脉、扩大交际是每一个渴望成功的人应该学会的本领之一。

军阀混战时期，山西曾经流传着这样一句话：“会说五台话，就把洋刀挂。”人称“山西王”的阎锡山就是一个很重乡情的人，因此他手下的大多数重要的职位都由他的同乡所担任。重用和提拔同乡是当时割据的军阀的一个普遍现象。其实，无论在哪朝哪代，同乡都是一种不可忽视的人脉资源。尤其在当今因经济发展而导致人口流动的现代社会，人们常常需要背井离乡、四处漂泊，而同乡关系则是众多错综复杂的人际关系中最为温暖人心的关系之一。所以，“独在异乡为异客”的你，若是能够巧妙地以乡音打开同乡的心门，对你的人生和事业就一定会有很大的帮助。

孙建勇大学毕业后独自一人来到北京打工，人生地不熟，工作又常常遇到不顺心的事，因此十分苦闷。后来听说北京有许多温州人的同乡会，于是便在网上搜索，填写了个人资料，加入了一个同乡会。

第一次参加同乡会时，孙建勇还有些忐忑，生怕自己没地位、没背景，会受到排挤或歧视，就像在公司里遭到那些势利的同事看不起一样。但令他没想到的是，大家对他都十分热情。在这里，老乡关系就像一个牢不可破的纽带一样，将大家紧紧地联系在了一起。

更令孙健勇感到亲切的是，同乡聚会时，大家基本上都用家乡话一起聊天、谈心，无形中更增加了几分亲近感。渐渐地，孙建勇不再那么忧郁了，生活和事业上遇到困难，经常和同乡们一起商量，大家帮他出谋划策、排忧解难，他渐渐地开朗了许多。

孙建勇的老乡们在北京的各行各业工作，他们各有所长，也各有门路。有一次，当孙建勇说起自己所在的公司是西北人开的，自己颇受排挤时，一个在北京某地产公司做总经理助理的老乡热心地对孙建勇说："不如来我们公司吧，大家一起发展。"

"我对地产行业不熟，能行吗？"孙建勇有些犹豫。

"别担心，不是还有我呢吗？"老乡爽快地说。

孙建勇因此获得了他人生最大的一个转机。几年后，他与这位老乡一起辞职，创办了自己的公司，在北京发展得很好。

难怪古人说"他乡遇故知"是人生的三大喜事之一，那亲切的乡音、熟悉的话语，在异乡的土地上特别具有打动人心的魅力。孙建勇是聪明的，也是幸运的，他巧妙地用乡音和乡情为自己打开了一扇成功的大门。

在中国，同乡关系是一种十分特殊的关系，也是非常重要的人际关系。据资料统计，有四成以上到外地求职打工的人是通过同乡关系找到工作的，很多大型企业更有按照地域招工的习惯。因此，拥有稳定、良好的同乡关系，用心经营好同乡人脉，就可以让同乡的帮助唾手可得，更为你的事业和人生添砖加瓦。

一般来说，离家越久的人对家乡的思念之情就会愈浓烈，假如此时听见熟悉的乡音，一定会倍感亲切，同时对说话的人也平添几分亲近感。因此，从这点上来说，“乡音就是最好的人情话”一点不假。无需刻意地修饰或润色，那熟悉的乡音就可以顺利打开对方的心门，拉近双方的距离。

当然，利用乡音时也要注意一点：不要在公共场合大肆用家乡话与他人打招呼或者交谈，否则很可能会弄巧成拙。因为在正式场合满口方言的人，不但会引来他人的侧目与不满，也会令同乡感到不自在而产生排斥感。记住，尊重别人的人才能获得他人的好感，无论他是否与你是同乡。

第 9 章

求人话巧说，言辞挚恳必能达成所愿

一步一步，逐渐获得对方认可

登门槛方式也就是心理学中所说的“登门槛效应”，是指一个一旦接受了他人的一个微不足道的要求，为了避免认知上的不协调，或想给他人以前后一致的印象，就有可能接受更大的要求。这种现象，犹如登门槛时要一级台阶一级台阶地登，这样能更容易、更顺利地登上高处。其实，在日常交际中，所有人都有一种在他人面前保持形象一致的心理需求，他们不希望自己被看作是反复无常、莫名其妙的。基于人们这样的心理，我们需要巧妙利用等门槛效应，一步步说理，令对方欣然接受。

豆豆早晨喜欢赖床，每天早上到了八点才起床，爸爸向豆豆提出了要求：“以后每天早上提前两个小时起床读书。”豆豆听了立即表示抵触。妈妈见此情景，用商量的语气说道：“那先每天提前十五分钟起床好吗？”豆豆听了马上就答应了。过了一段时间，妈妈又提出再提前十五分钟起床的要求，豆豆也很爽快地答应了。就这样，用了不到两个月的时间，豆豆完全做到了每天提前两个小时起床。

在这里，妈妈所使用的心理策略，就是典型的登门槛效应。比如，对一个推销员来说，当他可以令顾客打开门，跟顾客展开交谈时，其实，他就取得了一个小小的进步。在这样的情况下，假如他能够说服顾客看一看他的产品，那么，他就可以再提出“购买产品”的要求，而且，这样的要求很有可能被满足。

美国社会心理学家弗里德曼与弗雷瑟在1966年做了这样一个现场实验：实验者让助手到两个居民区劝人们在房前竖一块写有“小心驾驶”的大标语牌。在第一个居民区向人们直接提出这个要求，结果遭到很多居民的拒绝，接受的仅为被要求者的17%。在第二个居民区，先请求各居民在一份赞成安全行驶的请愿书上签字，这是很容易做到的小要求，几乎所有的被要求者都照办了。几周后再向他们提出竖牌的要求，结果接受者竟占被要求者的55%。

同样都是竖牌的要求，却产生了截然不同的结果，为什么呢？原因在于当你向对方提出一个微不足道的要求时，对方难以拒绝，否则，就显得太不近人情了。于是，一旦接受了这个请求，就仿佛跨越了一道心理上的门槛。当再次提出较高的请求时，这个请求和前一个请求有了继承的关系，对方就容易顺理成章地接受。

在钟表店里，一只组装好的小钟放在了两只老钟的当中，其中一只老钟对小钟说："天啊，这么小的钟等你一年走完3200万次恐怕便吃不消了。"小钟吃惊地说："要走那么多次，我可办不到。"另一只老钟说："别听他胡说，你只要每一秒'滴答'一下就可以了。"小钟将信将疑地说："这么简单吗？"就这样，小钟很轻松地在每秒的"滴答"声中，不知不觉走完了一年，他回过头一算，果然摆了3200万次。

登门槛效应给我们的启示就是，当我们需要向对方提出一个比较大的要求时，可以先不直接提出，因为这个要求很容易被对方所拒绝。在这时，我们可以先提出一个较小的要求，一旦被答应，再提出那个较大的要求，这时候才会有更大的被接受的可能性。当我们在说服对方的时候，也需要灵活运用这一效应。

1."哪怕……也好"

心理学家D.H.查尔迪尼代替某慈善机构做一次募捐活动，他对一些人说了一句话"哪怕一分钱也好"，结果这些人的募捐要远远高于另外一些人。当我们向对方说出"哪怕……也好"的时候，就会产生登门槛效应，使得对方欣然接受我们的请求。

2.先提出小要求，再提出大一点的要求

在生活中，当我们需要别人帮忙的时候，不妨先提出一个小小的要求。假如你是糖果店的营业员，你可以说"这是我们店刚进的新品种，清甜可口，甜而不腻，请您随便品尝，千万不要客气。”对方在“恭敬不如从命”的心理状态下品尝了糖果，这时候你再提出“购买”的要求，对方一定不会拒绝的。或许遇到困难的时候，温柔地说“这个问题我不是很理解，你可以帮帮我吗”，然后再问“那这个问题也可以帮我看一下吗”，假如对方没有拒绝，那我们的目的就达到了。

巧妙表述自己的“利用价值”

在生活中，有的人在求人办事时会抱着“有事有人，无事无人”的态度，他们把他人的帮助看作是理所当然的行为，当自己的诉求得到了回应，把自己的事情办好之后就不再理睬对方了。有着这样心态的人大多数都会被抛弃，当他再次需要帮助的时候，相信是没有人会给予帮助的。其实，在日常交际中，人与人之间是建立在互惠互利的基础之上的，没有互惠互利，就没有互信互助。鉴于人们这样的心理，当他人在面对你的诉求的时候，其实很想知道你是否有一定的“利用价值”，换句话说，他的效劳会不会换来一点回报。于是，在求人办事的过程中，如果你的言语中透露出了自己的“利用价值”，大多数情况下，对方都会乐意帮助你的。所以，作为提出诉求的我们应该尽量展现自己的“利用价值”，以此获得他人的帮助。

俗话说：“无利不起早。”没有一个人愿意去做那些没有好处的“无用功”，只要你了解了对方这样的心理，继而主动满足其欲望，他就会乐意为你效劳。“以利诱之”，对方会觉得这次不会白忙活，因此，他们就会主动地为你解决问题。

小然换了新房子，可她对粉刷和装修都一窍不通，这时她想到了朋友艳艳，艳艳平时工作不忙，最重要的是她对装修房子很在行。于是，小然拨通了艳艳的电话：“艳艳，我是小然，你最近忙吗？要是不忙的话，你来我这里住几天吧，可以当做散心或者旅游，我管你食宿。”“行啊。”艳艳爽快地回答。“不过，我这边有点小事需要你帮忙，就是帮我看看房子怎么装，你不介意吧？”小然提出了要求。“好，没问题。”艳艳一口就答应了。

小然言语里透露出令人欣喜的“可利用价值”：“来这里住几天”“散心或旅游”“管食宿”。虽然，这样的“恩惠”是出于朋友之间的亲密关系，但是，对方无形之中也会觉得有点“愧疚感”，至少白吃白住朋友的，心里多少都有点过意不去。于是，出于心中的那点“愧疚感”，以及给予帮助后的“补偿心理”，对方定会乐意效劳。因此，要想他人为你效劳，就应该大方展现自己的“利用价值”，这会让对方更加乐意为你效劳，而那些所谓的“利用价值”，不妨就作为给对方的酬谢了。

所谓的“利用价值”，一方面是作为求人者，你是否有可利用的价值，简单地说，互惠互利的基础是否存在？假如你是一个毫无能力的人，对方凭什么帮你呢？另一方面则是，你是否可以承诺给对方一些利益方面的东西，也就是我们常说的“利诱”。

今年，黄东刚刚大学毕业，被分配到山东某钢铁总公司工作，由于嫌厂里工资低，他进厂不久后就偷偷跑到南方打工去了。过了一段时间，他回厂里准备取走档案，正好碰上刚上任的女主管。黄东以为女主管要批评他几个月没上班的事，但出乎他的意料，女主管开口就说：“从国家大局讲，人才流动是大趋势，你走是对的。你们收入低，我也没有关心到你们，这是我的失职。不过，上次由于人事变动，空缺了许多职位，我就想好好栽培像你这样的年轻人。如果你愿意继续待下去，估计不出两年，你就会坐上我的位置。”接着，女主管详细介绍了公司的薪资待遇以及今后的发展，黄东听得热血沸腾。

主管不愧是一位优秀的领导，她的一席话，使这位原本要南飞的“孔雀”留了下来。当然，说服黄东继续留下的话语中，隐藏着一定的“利诱”，这成为黄东留下来最关键的因素。

1.以利诱之

在求人办事的过程中，我们要善于通过言语“利诱”，表明自己的回报之心，毕竟利益比空口说教更有效果。也许，在你提出诉求的时候，对方会有所犹豫，在这关键时刻，你指出自己的诉求和他合作有利的地方，这样他自然会乐意为你效劳。

2.建立互惠互利的基础

在请求对方帮助之前，你应该清楚对方为什么会帮助你？你凭什么能让他来帮助你？毕竟有一部分人是为了利益而生存的，那么你就可以利用这样一种方法：直接告诉对方在帮助你之后会获得什么样的利益，利诱对方帮助自己渡过难关。

其实，人与人之间的关系就是互惠互利，当对方意识到自己在付出之后还能有所获得的时候，他一定会毫不犹豫地答应你的诉求。所以，在求人帮忙的时候，我们要懂得“利诱”，适时表明自己的“酬谢”，满足对方的心理。

对方想听什么，你就说什么

俗话说：“求神要看佛，说话要看人。”人上一百，形形色色，每个人都有自己的性情，每个人都有不同的心理。这时候，我们的语言表达方式也需要因人而异，需要迎合对方的性情、心理特点，才有可能影响对方心理。否则，一味地强势或一味地退却，只会使我们在交流中处于越来越被动的位置。所以，我们在与他人交流的时候，需要讲究看准人下“话药”，如此这般，才能使自己在人际交往中如鱼得水、应对自如。

两千多年前，孔子的学生仲有问：“听到了，就可以去干吗？”孔子回答：“不能。”这时，另一个学生冉求也问了同样的问题：“听到了，就可以去干吗？”孔子回答说：“那当然，去干吧！”公西华听了，对于老师孔子的回答感到很疑惑，就询问孔子："这两个人问题相同，而你的回答却相反，我有点儿糊涂，想来请教。"孔子回答："求也退，故进之；由也兼人，故退之。"

孔子的意思就是，冉求平时做事喜欢退缩，所以我要给他壮壮胆；仲有好胜，胆大冒进，所以我要劝阻他，做事要三思而后行。孔子诲人也不是千篇一律，更何况是说话呢？我们在面对不同的说话对象，需要看准人下"话药"，时而强势，时而弱势，这样才能有效地影响他人心理。

《红楼梦》里林黛玉抛父进京城，小心翼翼初登荣国府的时候，王熙凤先是人未到话先到："我来迟了，不曾迎接远客！"尚未出场，就给人以热情似火的感觉。随后拉过黛玉的手，上下细细打量了一回，仍送至贾母身边坐下，笑着说："天下竟有这样标致的人物，我今儿算见了！况且这通身的气派，竟不像老祖宗的外孙女儿，竟是个嫡亲的孙女儿，怨不得老祖宗天天口头心头一时不忘。只可怜我这妹妹这样命苦，怎么姑妈偏就去世了！"一席话，既让老祖宗悲中含喜，心里舒坦，又叫林妹妹情动于衷，感激涕零。而当贾母半嗔半怪说不该再让她伤心时，王熙凤话头一转，又说："正是呢！我一见了妹妹，一心都在她身上了，又是喜欢，又是伤心，竟忘了老祖宗。该打，该打！"

短短几句话，王熙凤把初次见到林妹妹的悲喜爱怜的情绪，表演得淋漓尽致。而那一字一句都值得细细品味，这些语言都彰显着其性格特征。她知道黛玉是贾母最疼爱的外孙女，先恭维"天下竟有这样标致的人物，我今儿算见了！况且这通身的气派，竟不像老祖宗的外孙女儿，竟是个嫡亲的孙女儿，怨不得老祖宗天天口头心头一时不忘"，看似称赞林黛玉，实际上却是讨好贾母，还捎带博得了迎春等嫡孙女的欢心。然后提到黛玉的母亲，硬是"抢先用帕拭泪"，看见贾母笑了，她也由喜转悲。她拉着黛玉的手问这问那，主要是为了炫耀自己在贾府中的地位和权势，同时，又在贾母面前表现出对黛玉的关心。

战国时期著名的纵横家鬼谷子曾经说：“与智者言依于传，与博者言依于辨，与贵者言依于势，与富者言依于豪，与贫者言依于川，与战者言依于谦，与勇者言依于敢，与愚者言依于锐。”“说人主者，必与之言奇，说人臣者，必与之言私。”一个人要善于说话才会受欢迎，而且要能够根据不同的人说不同的话，使自己的话语有“弹性”，那么，你的人际交往也会相应地收放自如。

1.见什么人说什么话

在我们开口说话之前，需要仔细观察了解对方这个人，或是了解性格特征，或者了解他的喜好。在交谈进行的过程中，势必要“见什么人说什么话”。比如，对上司不能强势，只能退避三舍；自己的利益受侵犯，必须强势，以维护自己的利益。

2.对方想听什么，你就说什么

当置身于一个谈话环境时，你就必须清楚与对方的关系，了解对方的喜好禁忌，了解对方喜欢听什么，讨厌听什么。这时候，洞悉其心理，对方想听什么，你就说什么，那些讨嫌的话绝对不能说。

3.肚子里有货才能倒得出来

当然，为了能够应对各种人，我们必须不断地积累知识，拓展自己的知识面，这样才能和什么人都有话说，才能够说出对方喜欢听的话。

把握说话时机，影响对方心理

那些会说话的人之所以会获得成功，并不在于他说了很多话，而在于他掌握了说话的时机。正所谓“言多必失”，成功者更注重把握说话的时机，不管在什么场合都显得落落大方，说话的时候说得很充分，不该说的时候一句话也不说。口齿伶俐，在各种场合口若悬河、滔滔不绝，这是很多人所向往的场景，但如果自己在不适当的时机口无遮拦，说了错话，说漏了嘴，这也是难以弥补的过失。著名作家大仲马说过："不管一个人说得多好，你要记住，当他说得太多的时候，终究会说出蠢话来。"每个人都应牢牢记住这句至理名言，要明白言不在多，但一定要把握说话的时机，这样才能深入地影响对方的心理。

有一个经营印刷业的老板，在经营了多年之后萌发了退休的念头。他原来从美国购进了一批印刷机器，经过几年使用后，扣除磨损费应该还有250万美元的价值。他在心中打定主意，在出售这批机器的时候，一定不能以低于250万美元的价格出让。有一个买主在谈判的时候，针对这台机器的各种问题滔滔不绝地讲了很多缺点和不足，这让印刷业的老板十分恼火。但是他在自己刚要发作的时候，突然想起自己250万美元的底价，于是又冷静了下来，一言不发，听着那个人继续滔滔不绝。结果到了最后，那人再没有说话的力气，突然蹦出一句："嘿，老兄，我看你这个机器我最多能够给你350万美元，再多的话我们可真是不要了。"于是，这个老板很幸运地比计划多卖了整整100万美元。

正所谓"静者心多妙，超然思不群"。一些习惯于滔滔不绝的人往往是最沉不住气的人，一旦遇到了冷静的对手，他们就最容易失败，因为急躁的心情让他们没有时间考虑自己的处境与位置，也不会静下心来思考有效的对策。而在上面这个案例中，那位啰唆不停的买主正好中了老板无意设下的"陷阱"，不等对方发言，就迫不及待地提出建议价格，等于自己拿空子让别人钻。

言不在多，少说话可以使自己有更多的时间思考，经过思考之后，再找准说话时机，这样说出的话会更精彩。在日常交际中，我们应该少说话，特别是当一个比自己更有经验的人在场的时候，如果自己说得太多了，就无异于自曝其短，这样继续下去的结果将对自己很不利。

一家小公司与一家大公司进行了一次毛衣谈判，大公司的代表依仗着自己的实力，滔滔不绝地向对方介绍情况，而小公司的代表则一言不发，埋头记录。大公司的代表讲完后，征求对方代表的意见。小公司的代表好像突然睡醒了一样，迷迷糊糊地回答说：“哦，讲完了？我们完全不明白，请允许我们回去研究一下。”于是，第一轮会谈结束。

几星期后，谈判重新开始，小公司的代表声称自己的技术人员没有搞懂对方的讲解。结果大公司代表没有办法，只好再次给他们介绍了一遍。谁知，讲完后小公司代表的态度仍然不明朗，仍是要求道：“我们还是没有完全明白，请允许我们回去再研究一下。”就这样，结束了第二次的会谈。

过了几天后，第三次会谈时小公司的代表还是一言不发，在谈判桌上故伎重演。唯一不同的是，这次他们告诉大公司，一旦有讨论结果立即通知对方。过了一段时间，大公司觉得这次合作已经没戏的时候，小公司的代表找上门来开始谈判，并且拿出了最后的方案，以迅雷不及掩耳之势逼迫大公司妥协，使对手措手不及。最后，双方达成了这一项明显有利于小公司的协议。

一家小公司居然能够打败大公司，在谈判中获得了成功，其关键在于小公司懂得沉默，懂得掌握说话的时机。在说话时机尚未成熟的时候，他们一直不说话，使对方摸不着头脑，盲目骄傲自大，同时也为自己赢得了时间去研究对手的方案，给了大公司措手不及的一击。可见，说话看准时机比说话多更有效，它能起到滔滔不绝完全达不到的效果。

那么，在日常生活中，我们该如何看准说话的时机呢？

1.占据优势时少说话

在谈话过程中，我们完全占据了优势的位置，这时候需要少说话，正所谓“桃李不言，下自成蹊”，对方在无措之时自会露出破绽。

2.不了解情况时少说话

有时候，在不了解对方的情况时不要盲目地说，这有可能会给对方提供可乘之机，使自己遭受很大的损失。所以，在不了解对方情况的时候，不要轻易把话说出口，需要谨慎用语。

3.气愤时少说话

当自己或对方的情绪正在激烈的时候最好少说话，这时候一旦开口不慎就会引发一场争执。最佳的说话时机是等双方都冷静下来，能够心平气和地谈话时再安排时间交谈，只有这个时候双方的交流才能顺利进行下去。

言语用情，使对方无法抗拒

在与人相处的过程中，情是最能触动人心的，正所谓“欲晓之以理，必先动之以情”。一般情况下，当我们与他人展开交谈的时候，彼此都会产生一种防范心理，双方都不为所动。这时候，你要想说服对方，就需要消除对方的防范心理。从一定程度上说，防范是一种潜意识里的自卫心理，也就是当我们把对方当做假想敌时产生的一种自我保护。而消除对方这种防范心理最有效的方法就是以情动人，通过那些充满真情的话语使对方感到你是朋友而不是敌人，用真情去瓦解对方筑起来的“防范墙”，继而有效地影响其心理。真情，可以是嘘寒问暖，可以是予以关心，可以是予以帮助等。所以，在日常交际中，我们要善于用情说话，使对方无法抗拒。

罗斯福是美国第26任总统，他是一位善于用情说话的人。有一次，他仆人的太太问总统：“鹌鹑长什么样子？”仆人太太从来没有见过鹌鹑，于是，罗斯福总统详细地描述了一番。过了很长一段时间，罗斯福突然亲自打电话给仆人太太说：“在你窗口外面恰巧有一只鹌鹑，你这时候往外看，可能还看得到。”

实际上，罗斯福总统之所以能成为美国伟大的领导人之一，就在于他在运用语言时善于以情动人，而不是以权压人。

“的姐”把一男青年送到指定地点时，对方掏出尖刀逼她把钱都交出来，她装作害怕交给歹徒200元钱说：“今天就挣这么点儿，要嫌少就把零钱也给你吧。”说完又拿出30元的零钱。见“的姐”如此爽快，歹徒有些发愣。“的姐”趁机说：“你家在哪儿住？我送你回家吧。这么晚了，家人该等着急了。”见“的姐”是个女子又不反抗，歹徒便把刀收了起来，让“的姐”把他送到火车站去。见气氛缓和，“的姐”不失时机地启发歹徒：“我家里原来也非常困难，我又没啥技术，后来就跟人家学开车，干起这一行来。虽然挣得不算多，可日子过得也不错。何况自食其力，穷点儿谁还能笑话我呢！”见歹徒沉默不语，“的姐”继续说：“唉，男子汉四肢健全，干点儿啥都差不了，走上这条路一辈子就毁了。”火车站到了，见歹徒要下车，“的姐”又说：“我的钱就算帮助你的，用它干点正事，以后别再干这种见不得人的事了。”一直不说话的歹徒听罢突然哭了，把200多元钱往“的姐”手里一塞说：“大姐，我以后饿死也不干这事了。”说完，低着头走了。

在上面这个案例中，“的姐”的话语里充满了真情，感动了那个穷凶极恶的歹徒，最终达到了说服对方的目的。心理学家指出：“情感如同肥沃的土地，道理好比种子。没有情感的沃土，道理的种子再好，也发不了芽”。我们在说服对方的时候，更需要以情动人，否则，即使你说再多的道理，对方还是会不为所动。

1.话语中注满真诚

谚语说：“真诚贵于珠宝，信实乃人民之珍。”要想自己的话语能够打动对方，就需要在话语里注满真诚，只有真诚才能打动人。如果你仅仅是几句花言巧语或者虚情假意地表达，反而令对方厌恶。

2.把话说到对方的心里

人都是有感情的，说话能做到动之以情，晓之以理，就是最完美的沟通。我们在说话时要注意对方的反应，学会从对方的反应中修正自己的话语，尽可能把话说到对方心里。把话说到对方心里，才能真正地打动人。

3.站在对方的立场说话

如果你在说话时总是想着自己，光顾着自己，这样说出来的话是不会有感情的。因此，我们应该处处为他人着想，让自己站在对方的立场说话，这样说出的话才有感情，才能打动对方。

小心说话，避开对方“雷区”

说话，是我们天天都在做的事情，但善于说话，能准确、清楚地表达自己的意图，使对方愿意接受，却是一件不太容易的事情。心理学家理查德·班得勒说过，当你对他人说话时，你不是想给他传递信息，就是想改变他。但在这过程中，对方是否会接受你的意思，你的沟通目的是否能够实现，却又是另外一回事了。其中的症结点在于你是否说了避讳的语言，或者把话题置于危险的境地，这将会导致你沟通的成与败。许多人说话不经过大脑思考，只图嘴巴痛快，常常“语出惊人”，踏入“雷区”，最后导致了整个沟通的失败。其实，善于说话并不是一件很简单的事情，那将意味着你所说的话能够令对方乐意接受，而且，你的话语能够巧妙绕过险境，直入对方心里，继而影响对方心理。沟通是双向的交流，它的成败不取决于你说了什么，而取决于对方的反应，对方不接受你所说的话，那你说得再多也没用。所以，为了让对方乐意接受，我们在说话时需要避开险境，把“危险语”吞进肚子里，这样才能有效地影响他人心理。

古代有这么一个国王，一天晚上做了梦，满嘴的牙都掉了。这个时候，他就找了两位解梦的人。国王说：“满口牙怎么全掉了，到底怎么解？”第一个破解梦的人说：“皇上，在你所有的亲属都死去以后，你才能死，一个都不剩。”皇上一听，心里非常不高兴。第二个解梦人说：“至高无上的皇上，您将是您所有亲属当中最长寿的一位呀！”大家看一看，同样的内容，同样的事情，两个人就有两种不同的说法。第一个把皇帝说生气了，皇帝龙颜大怒，杖他一百棍；然后，拿出一百个金币，奖给第二位解梦的人。

上面这个案例中，同样的一件事情，两人表达的也是同一个意思，为什么一个挨打，一个却受赏呢？分析他们所说的内容，我们就可以明白了。在沟通过程中，往往因为一两个“危险词语”而使整个话题都处于危险的境地，第一个解梦的人话里出现了“死”这样的危险字眼，而且还不止出现一次；第二个解梦的人却用了“长寿”这个词。于是，两人话里的字眼不同，最终两人的待遇也千差万别。

在日常交际中，有一些话题是沟通的“雷区”，稍有不慎就会粉身碎骨。所以，我们应该尽可能地避开这些危险区，避开一些敏感、危险的词汇，这样才能促使沟通顺利进行。

1.避开隐私

隐私就是不可公开或不必公开的某些事情，有可能是缺陷，有可能是秘密。因此，我们在进行语言交流的过程中，需要避开彼此的隐私，这既是一种礼貌，同时，也可以很好地保护话语的“安全性”。

2.切勿不懂装懂

我们并不是万能博士或者百事通，即使自己知识渊博，但总有一些地方不如人，总有不懂得的一些知识。因此，无论是面对有教养有知识的人，还是面对一个默默无闻的人，我们都应该谦虚谨慎，不可妄发言论。

3.避开忌讳

在谈话过程中，我们需要避开一些忌讳，比如关于“死”的避讳语，“棺材”“寿材”等；对方的生理缺陷，比如“残疾人”；对一些不可公开的事物行为，比如“大小便”等，这些避讳词语都是需要避开的。

4.避开粗口秽语

在交流过程中，我们需要避开粗口秽语，使用文明的语言。言语粗鄙是最无礼的行为，而且，有可能会给自己带来一些不必要的麻烦。

第 10 章

提问要巧妙，问得好让你无往不胜

用反问来解救被逼问的自己

1972年5月，美苏在莫斯科举行首脑高峰会谈。27日凌晨一点，美国前国务卿基辛格在莫斯科访问过程中，向随行的美国记者介绍美苏关于限制战略核武器四个协定签署会谈情况。基辛格微笑着向记者透露说："苏联生产导弹的速度，大约是每年250枚。"这时，无孔不入的美国记者马上敏捷地接过话头，试探着想问一下美国的军事秘密，说："那现在我们的情况呢？我们美国有多少潜艇导弹配置的分导式多弹头？"

基辛格耸耸肩膀，摇摇头说："我不确切知道正在配置的分导式多弹头有多少。至于潜艇，我的苦处是，数目我是知道的，但我不知道它们是否是保密的。"

记者接过话头说："不是保密的。"

于是基辛格反问道："不是保密的吗？那么请你告诉我是多少呢？"

发问的记者顿时傻住了，只得不好意思地一笑了之。

在这个案例中，基辛格想避开记者的追问，佯装不知道潜艇数字是否保密，他似乎是在迎上前去暗示记者：如果不属于保密之列，将公诸新闻界。急于抢新闻、争时效的记者不知是计，连忙告知："不是保密的。"他们以为这样一来，基辛格便会和盘托出。岂料基辛格是在虚晃一枪，他留给记者一个大难题：既然你们说是不保密的，那就是公开的了，既然人所共知，那么就让消息灵通的记者自己来回答这个众所周知的数字吧！当记者为这个突然来临的"难题"不知所措时，基辛格就可以不用回答这个保密的问题了。有时候，当你不知道该怎么样回答别人的提问时，你可以反过来问他，这样就能把你解救出来。那么，到底如何才能更好地应用反问来提问呢？

1.反问必须方法得当

有时候我们在和别人交谈时，进行反问并不失礼，但必须方法得当。如果你惊奇地反问："咦？"或者回答"哦？"等不确定的反问语气时，对方一定会有被怀疑、不被信任的感觉，所以会对你的印象不佳。比如说对方讲话你没有听明白，或者对方向你提出的问题你不懂的时候，你就可以反问对方"你怎么看这个问题？"或"你认为结果会是怎样的呢？"等一些反问的话。当你用这样得当的反问把对方踢过来的"皮球"再踢回去的时候，对方也一定会真诚地回答你反问的问题。

2.反问可以适当幽默

幽默的形式是轻松愉快的，和幽默的人交谈也是充满快乐的，当你在反问时用上幽默的词语，不仅能回答对方的提问而且还能而使人感到你话语里的轻松、快乐、滑稽、诙谐或优美。

在北京奥运会开赛前，就有消息传出，这也许是姚明最后一次代表国家队出战奥运会。虽然在比赛中姚明非常拼命，但还是不能力挽狂澜，最后中国队还是止步八强，没能突破历史。在记者招待会上，当记者问到姚明是否会就此退出国家队时，姚明先半开玩笑地反问道："我那么老吗？"一句幽默的反问赢得了记者的掌声。

因此，当你遇到不想直接回答的问题时，适当用幽默的反问去应答，不仅给出了答案，而且还营造了一种轻松的氛围。

3.反问也要机智

机智的反问就是针对不同的情境和对象，从不同的角度和侧面，或明或暗，或褒或贬，或深或细，或深或浅地反问对方，可以表明你的立场、态度或观点，给人以震慑力。

不要问没有意义的问题

小黄是某高校本科毕业生。这年他申请出国留学，获得了学校的批准。

来到美国后，他结识了一个好朋友叫彼得。两个人经常一起学习，一起踢足球、打篮球，就连课题研究也是一样的。但是最近两个人却发生了一次不小的争吵，给两人的友谊蒙上了阴影。

原来有一次，小黄关心地问彼得："你家里有几口人啊？"

彼得一听，厌烦地说："这是我的秘密，不能告诉你。"

小黄觉得不可思议，生气地说："我是在关心你，关心你的家庭。你怎么不识好人心呢？"

彼得也生气了，他说："你们中国人难道对别人的家庭就那么感兴趣吗？"

小黄气愤地说："我关心你一下，你怎么扯上中国人了？中国人哪里得罪你了？！"

彼得大声说："我不讨厌中国人，但我讨厌你。"说完头也不回地走了。

从那以后，小黄和彼得很少说话，两个人见了面也是扭头就走。

向对方提问时，一定要注意，不要问没有意义的问题，否则会引起对方的厌恶。可能你认为你是在关心对方，但是有个前提，即对方是否需要你的关心。如果对方不需要，那么你的关心就会给对方带来压力。同样，你在提问的时候，要想清楚，对方是否愿意回答你的问题。如果你觉得对方不愿意回答，那么你的提问根本没有任何意义，还会让对方觉得你很无聊。所以，你在提问的时候，一定要避免提问无效的问题。那么，到底如何提问才能避免提无效的问题呢？

1.提问要有针对性

在向对方提问的时候，一定要有针对性，不能眉毛胡子一把抓。要根据对方的年龄、身份、文化素养和性格来提出不同的问题。比如对小朋友可以问："你今年几岁了？"但是对于老人就不能这么问。对于中国人，询问对方的家庭、对方的收入等都表示关心，也是对对方的尊重。但是如果这样问一个美国人，则会引起对方的厌恶，他们觉得你是在打听隐私。所以，要针对不同的情况用不同的方式来询问。这样，在人际交往中，才能维持良好的人际关系。如果不了解对方的实际情况，最好不要盲目提问，否则会给自己带来不必要的麻烦。

2.要照顾对方的心理状况

在提问的时候，一定要照顾对方的心理状况，比如对方高兴的时候，可以询问："什么事让你这么高兴啊？"对方在兴头上，自然愿意把快乐跟你分享。如果对方受到了巨大的刺激，悲痛欲绝。这时候你如果问："怎么了啊？让你这么难受。"对方本来就难受，你的询问无疑加剧了别人的痛苦。所以，在询问的时候，一定要看对方的心理状况。对方心情好的时候可以询问，可以分享快乐；对方心情不好的时候，也可以询问，可以分担痛苦。但是仅限于关系比较好的朋友之间。如果关系没有达到一定的程度，贸然询问，不但得不到对方的肯定，还会成为对方的出气筒。

3.要选择合适的话题

话题是两个人交流的载体。在试图了解对方的时候，询问是一条很快的途径。但是询问的时候，一定要选择合适的话题，否则双方说几句话就没话可聊了，这样双方的交流就没有办法正常进行。在选择话题的时候最好选对方感兴趣的话题。如果一个人羽毛球打得很好，你就可以问："听说你很喜欢打羽毛球，是吗？"对方喜欢打羽毛球，自然有很多愿意交流的心得。这样，双方就羽毛球会展开一番交流。所以，询问的时候一定要事先了解对方感兴趣的话题。如果不知道，可以通过观察来试探。比如对方穿着运动服出现在你的面前，你可以问："你平时很喜欢运动吗？"如果对方是，则有了话题可聊；如果对方回答不是，可能会告诉你他喜欢什么。这样，围绕着对方喜欢的话题，就可以展开一番交流和讨论。

引导对方说“是”的语言技巧

大卫是一位推销电动机的推销员，一次他去拜访一家老客户的公司，准备说服他们再购买几台新式电动机。在去之前大卫和这家公司的工程师通过电话，了解到工程师昨天到车间去检查，用手摸了一下前不久大卫推销给他们的电动机，感到很烫手，便断定大卫卖给他们的电动机质量太差。

当大卫刚踏进那家公司的门口，就遭到了对方工程师的拒绝，那名工程师说：“大卫，你又来推销你那些破烂了！你不要做梦了，我们再也不会买你那些玩意儿了！”

大卫冷静地考虑了一下，心想：如果与对方辩论电动机的质量，肯定于事无补。于是他便采取了另外一种思路，他对工程师说：“好吧，我完全同意你的立场，假如电动机发热过高，别说买新的，就是已经买了的也得退货，你说是吗？”

“是的。”工程师回答说。

“你是知道的，任何电动机工作时都会有一定程度的发热，只是发热不应超过全国电工协会所规定的标准，你说是吗？”

“你说得对，是这样。”

“如果按国家技术标准，电动机的温度可比室内温度高出42℃，是这样的吧？”

“是的。但是你们的电动机温度比这高出许多，昨天还差点把我的手烫伤！”

“哦，是这样。那么请问你们车间里的温度是多少？”

“在24℃左右吧。”

“这就对了。车间是24℃，加上应有的42℃的升温，共计66℃左右。那么一个人把手放进66℃的水里是不是会被烫伤？”

“嗯，好像是的。”

“这就对了啊，所以以后千万不要去摸电动机了。我们的产品质量，你们完全可以放心，绝对没有问题。”

就这样凭借大卫的让对方说“是”，又做成了一笔买卖。

让对方说“是”，是一种说话的艺术，如果你学会了这种艺术，将终身获益。当一个人在说话时，如果一开始引导他来说“是”，那么他已经在内心深处有了肯定的趋势。这时候内心的抵抗和戒备就会降低，这样交流起来的气氛就会融洽很多，对方也容易放弃自己原来的偏见，转而同意对方的意见。在这个案例中，大卫从一开始就引导工程师回答“是”，从而抓住了问题的主动权，使谈话的结果向着更有利于自己的方向去发展。到底如何才能让对方说“是”呢？以下几点，值得借鉴。

1.把要说的话说对

卡耐基曾经说过，人是不可能被说服的，天下只有一种方法可以让任何人去做任何事，那就是让他自己想去做这件事。而让他自己想去做这件事，唯一的方法是让他认为你说的是对的，让他认为他是在遵循对的做法才这样做。

比如，一个顾客拿着一件商品舍不得放下，这时销售人员就不应问顾客喜不喜欢、想不想买这样给顾客选择性的提问。因为你问顾客“想不想买”“喜不喜欢”时，顾客可能就会回答“不”。因此，在这个时候你一定要明白一点，顾客拿着那件商品，一定是他喜欢的，所以你应该问：“你一定很喜欢，是吧？”这时顾客肯定回答“是”。因为你说的是对的，他拿着那件商品舍不得放下，确实是他所喜欢的。

2.创造出对方说“是”的氛围

奥佛斯屈教授在他的《影响人类的行为》一书中说：“当一个人说‘不’时，他所有的人格尊严都已经行动起来，要求把‘不’坚持到底。事后他也许会觉得这个‘不’说错了，但是他必须考虑到宝贵的自尊心而坚持说下去。因此，使对方采取肯定的态度，是一件特别重要的事。”由此可知，在和对方交谈的时候，要避免对方说“不”的气氛，一定要创造出对方说“是”的气氛。比如，你在和对方谈话的时候，应该把自己置于“是”这一情景之中，将对方可能采取的反对意见铭记于心，同时，还应牢记我们所熟知的对方的观点。你还可以运用肢体语言，当你在问别人“是这样吧”“一定是吧”等让对方回答“是”的问句后，你一定要先点头给对方造成一个“是”的气氛。

一步一个台阶，问题逐渐深入

孟子拜见齐宣王，问：“您曾经告诉庄暴说您爱好音乐，有这么回事吗？”

齐宣王有些不好意思，只得据实说：“我并不是爱好古乐，只是爱好一般的音乐罢了。”

孟子说：“只要您非常爱好音乐，那齐国便会富强了。无论您爱好的是现在的音乐还是古代的音乐，它们都是一样的。”

齐宣王说：“先生可以清楚地说明这个道理吗？”

孟子说：“一个人单独欣赏音乐的快乐和与大家一起欣赏音乐的快乐，究竟哪一种更快乐呢？”

齐宣王说：“当然是与大家一起欣赏音乐更为快乐。”

孟子说：“与少数人欣赏音乐快乐，和与多数人欣赏音乐也快乐，究竟哪一种更快乐呢？”

齐宣王说：“当然是与多数人一起欣赏音乐更快乐。”

孟子接着说：“那么就让我和您谈谈赏乐的道理吧！假如大王在这儿奏乐，老百姓听到鸣钟击鼓、吹箫奏笛的声音，却都愁眉苦脸，‘我们的国王这样爱好音乐，为什么我们却苦到这般地步呢？’原因就在于大王只图个人享乐，而不与百姓同乐。但是，假如大王在这儿奏乐，老百姓全都眉开眼笑，‘我们的大王大概很快乐，要不怎么能够奏乐呢？’这没有别的原因，只是因为国王与百姓能一同娱乐罢了。所以，如果大王能与百姓同乐，就可使天下归服了。”

说话的时候要一步一个台阶，按照对方思维发展的趋势，逐渐提出问题，这样才能逐步引导对方的思路。孟子在这段辩论中用了因势利导的方式。当他听说国王喜爱音乐时，就由此下手，用一个个问句，一步步疏导，最后得出结论：如果大王能与百姓一同娱乐，就可使天下归服，从而达到说服齐宣王与民同乐的目的。那么，在询问时如何逐步深入呢？

1.预先明确目标

在询问的时候，一定要有一个明确的目标：你向对方发问是想达到什么目的。只要明确了这个目的，在具体的询问中就会有所指。千万不能没有目标，胡乱发问。这样不但不能达到逐步深入的目的，还会引起对方的反感。有了明确的目标，还要明白每一个问题怎么问才算合适，问到什么程度才算恰到好处。只有心中有了这些明确的规划，询问起来才不会不知所云。所以，在询问之前，一定要找到自己询问的明确目的，要明确自己想要达到的目标。

2.说话要有逻辑性

在询问的时候，每个问题之间都要有很强的逻辑性，这样才能一步一步将对方引导到预先设置好的目标上。如果哪一个问题上出了疏漏，自相矛盾，或者问题问得不严谨，这样就没有办法成功引导对方。因为你自身出了问题，也就意味着你所设置的所有逻辑都存在问题，连自己都说服不了，怎么去引导别人呢？所以，在引导的时候，一定要注意语言的逻辑性。要仔细斟酌每一个词，每一句话，把话说得严谨一些，不要犯明显的错误。这样一来，对方在你的引导下才能顺利达到预先设置好的目标。否则，你会被对方找出逻辑的错误，被反驳得无话可说，不但不能引导对方，还有可能被对方引导。

3.多用问句引导

在引导对方的时候，要多用问句，尤其是反问句，让对方所坚持的观点和看法在你的反问下失去抵抗力，从而乖乖地听从你的调遣。当然，在用反问句的时候，要先用大量的论据和事实将对方驳倒。在你的反问下，对方再不缴械投降似乎已经没有退路了。这样在你环环相扣的一个个反问下，对方会一步步地跟着你靠近预先设置好的目标。比如：你举了大量的例子说明不上学是没有出路的，然后问："难道你还不想去学校吗？"在事实面前，对方自然乖乖地跟着你去学校。如果事实不充分，说明不了问题，对方自然会起身反驳，这样整个设计就会功亏一篑。

把握好问题的尺度，避免尴尬

肖云今年25岁了，按理说已经到了谈婚论嫁的年龄了。可是肖云非常挑剔，始终没有找到自己满意的对象。于是她的婚姻大事就成了父母的心事。二老托人四处打听介绍，后来在邻居王大妈的介绍下，肖云与一个老师见了面。第一次在公园门口准时约会。小伙子多少有些腼腆，因为平日里很少跟女生打交道，第一次约会也不知道说什么。肖云接触的男生不少，但是毕竟对方也是刚刚认识，也不知道该说什么。于是双方持久地沉默着。

肖云想问个问题，打破沉默，于是她问："你谈过恋爱吗？"小伙子一脸的惊恐，摇了摇头。双方再次陷入沉默。

过了几分钟，肖云再次提问："你工作轻松吗？工资多少钱啊？"小伙子支支吾吾说了几句，就找了个借口走了。

从那之后，他们再也没有见过面。原来男方对肖云问的问题很反感，觉得她是个只看钱的人。就这样，一个不恰当的提问毁了一次会面。

向对方提问的时候，一定要把握好尺度。如果两个人关系还很陌生，就不适合问一些过于深的问题，因为对方不回答似乎不礼貌，回答了又对你没有信任感，觉得自己不安全。所以，在提问之前，一定要想一想，问这样的问题合适不合适，如果觉得不合适最好别问，问了只能徒增双方的尴尬。那么，在具体的提问中，如何才能把握好提问的尺度呢？

1.适当的身份提适当的问题

人与人之间的关系不一样，问问题的时候，也要适当地考虑清楚，这个问题是不是你们之间目前的关系所能问的。比如故事中的肖云和小伙子之间，双方还很陌生，就问收入，显然不合适。这个问题如果到了双方已经热恋之后再问，也没什么不可。只是双方刚刚认识就问这么隐私的问题，一下子将两人之间的距离拉了很近，对方自然受不了。所以，在提问的时候，一定要明确你和对方的关系，一般情况下，关系熟了，可以问有点深度的问题。如果双方关系还很陌生，最好不要问过于隐私的问题，这会让别人感觉到没有安全感。

2.不宜问对方不知道的问题

在向别人提问的时候，一定要事先想一想，对方能否回答这个问题，如果觉得能回答，那么提问，对方自然很高兴为你解答。但是如果对方不能回答，你却问了，会令对方尴尬，这就失去了提问的价值。比如你问一位医生："去年发生在本市的肝炎病例有多少？"这个问题对方很可能答不出来，因为一般的医生谁也不会去费神地记这类数字。要是对方回答说"不太清楚"，就不仅使答者有失体面，问者自己也会感到没趣。

3.不要打破砂锅问到底

有些人总喜欢打破砂锅问到底，不管你愿意不愿意回答，总是没完没了地发问，让人厌烦。问问题的时候，不要打破砂锅问到底，如果对方不愿意回答，或者不愿意多说，那就适可而止。比如，你问对方住在哪里，对方回答说"在北京"或者说"在香港"，那么你就不宜再问下去。如果对方愿意让你知道，他一定会主动详细地说出来，而且还会说"欢迎光临"之类的话；否则，别人便是不想让你知道，你也就不必再问了。此外，在问其他类似的问题如年龄、收入等的时候，也要注意掌握问话尺度，要适可而止。

4.提问必须掌握最佳的时机

提问并不像逛大街、上自由市场那样随时都可以进行。有些提问时机掌握得好，发问的效果才佳。两个过去很要好的朋友都刚刚走上工作岗位，一个偶然的机会他们相遇了，互相询问：“你们单位怎样？工作还顺利吧，谈恋爱了吗？”显得既亲热自然，又在情理当中。中国人见面打招呼都喜欢问一句“吃了吗？”如果这话用在吃饭时间前后，倒也无妨，但如果下午三点左右在公共汽车上遇到熟人也问这么一句，就难免让人感到有点莫名其妙。

迂回发问可以解决难以回答的问题

小于和老王是生意上的伙伴。小于给老王发了整整两车货，可是老王却因为资金有限，迟迟没有结款，这让小于感到压力很大，毕竟小于也是小本买卖，没有足够的资金流转，生意根本没法正常运营下去。

但是小于也不敢追得太紧了，万一老王一发脾气，要起赖，这笔账就有可能成为死账。这是小于最怕的。所以他既想要账，又怕得罪老王。

这天，小于来找老王，二人来到餐厅，点了一桌上好的酒菜。二人一边吃，一边喝，称兄道弟论起了交情。席间，小于突然悲伤起来，这让老王丈二和尚摸不着头脑。在老王的再三询问下，小于一再地哭穷，说自己的生意就要大亏本了，公司也要倒闭了。小于越说越伤心，最后哭了起来，他拉着老王的手说：“王哥，你说我是不是天生就这命啊？”

小于说得越悲惨，老王越难受。他再也坐不住了，当晚就把货钱给小于结了。

有些问题，不方便直接问，就要迂回发问。比如故事中，小于的一问，不是在问，而是在拷问老王的良心。如果小于说一大兜子好话，问老王：“我的钱你什么时候结？”可能老王无论如何也不会立即给他钱的，而且这样直接问伤了两人的交情。所以，有些时候，有些问题绝对不能直接问，要采取迂回发问的形式，将你的问题传达给对方，而且让对方保留了足够的面子，这样才有益于问题的直接解决。那么，在迂回发问的时候，要注意哪些问题呢？

1.问的问题和急需解决的问题之间要有关联性

在采用迂回发问的时候，问的问题和急需解决的问题之间要有关联性，这样才能让被问者明白对方的所指。否则，你问的问题跟急需解决的问题之间一点关联性也没有，问了也是白问，对方根本不知道你的意图所在。对方不明白你的意思，自然解决不了你的问题。所以，在采用迂回发问的时候，一定要找到两个问题之间的关联性。这样，才能达到旁敲侧击的效果。如果对方想给你解决，自然顺水推舟解决了你的问题。如果对方不想解决，也会找个理由搪塞。这样一来，双方也不会撕破脸皮，导致问题最终无法解决。所以，采用迂回发问的时候，一定要找到关联，不能盲目发问。

2.要选择一个合适的时间

在用迂回发问的时候，一定要找个合适的时间，比如对方闲的时候，或者是晚饭后。向对方表达你的意愿，一定要确定对方一定能听得懂，并且有时间去听，否则就失去了意义。如果对方正在忙，你一个劲地在旁边讲故事，对方觉得你实在闲得无聊，自然不会搭理你。用迂回的方式来向对方提问的时候，要把握好时间。所以，在向对方提问的时候，要事先了解对方什么时候能听进去，什么时候能解决问题。问题得到了妥善的解决，这是迂回提问的关键所在。

3.要有适当的铺垫

在用迂回的方式向对方提问的时候，要事先设置一个铺垫。比如故事中，小于采用迂回的方式向老王要钱的时候，首先请对方喝酒，然后借着酒劲诉苦，把自己的苦衷通过生意的失败表达了出来。事实上，如果老王给了钱，生意自然不会失败了。所以，小于借着喝酒这个铺垫，将自己想要钱的想法成功地传达给了老王，最终将问题成功地解决了。所以，在向对方迂回发问的时候，也要找个合适的铺垫。有了这个铺垫，在迂回发问的时候就能巧妙通过铺垫的情景成功地传达给对方。

第11章

暖言触心底，三言两语把话说到心坎儿里

说出问题关键让对方无言以对

中国有句俗语："最后的赢家才是真正的赢家，要笑就要笑到最后。"这句话一点也不假。与人交往的过程中，只有手握底牌，才能出奇制胜。我们可能经常看到法官这样审查嫌疑人：刚开始嫌疑人总是否认自己的犯罪事实，但他没想到的是，正当自己为自己的罪行辩护的时候，法官却突然指出他言语间的漏洞或者拿出关键性证据。此时，他只好对自己的罪行供认不讳，和盘托出自己的罪行。同样，这一道理也可以运用到生活中的沟通场景中，如果对方否认某些事实，我们不妨在关键时刻一语中的，让对方无言以对。

我们来看这样一个职场故事：

某公司新来一个员工小王，他似乎有点小偷小摸的坏毛病。

这天，大家都已经下班回家了，但小王还想在公司继续上会儿网。正巧，他看见经理办公室的门还开着，好奇心使他悄悄地进去看了一下。巧的是，办公桌的抽屉没有上锁，里面放着厚厚的一叠钱。面对金钱的诱惑，小王心动了，于是，他就做了件顺手牵羊的事——拿走了几张百元大钞，并且，他很自信地认为，没有人会发现。

但实际情况并不是如此，第二天一大早，经理就在办公室嚷嚷起来了："你们谁偷了我办公室的钱？办公室怎么还有这样偷偷摸摸的人啊……"但没有一人承认。这时候，经理秘书想出了一个招儿。

他把大家招到会议室，然后说："今天早上，清洁工周大姐来找过我，说昨天有人进了经理的办公室……"后面的话，秘书并没有说，然后他接着说："经理已经答应我，这件事不会追究，但希望这位同事能主动给经理发个邮件，经理不会公开这件事。"

会后，小王主动给经理发了邮件，并将钱转回到了经理的账上。经理一直夸自己的秘书是个“军师”的料子。

秘书让偷钱人小王不打自招的秘诀在于，他编造出了周大姐曾经看到这个嫌疑人的“作案过程”的虚假事实，然后假装一语中的，从而让小王乱了方寸，不打自招。并且，他采取了软硬兼施的措施，给了对方“不再追究”的保证。在权衡利弊得失后，小王也只好承认偷钱的事实。

可见，当我们不知对手虚实的情况下，可以“使用”证人这张王牌投石问路。而在知晓事实的情况下，“证人”更能让对方心服口服。另外，当他人对我们产生怀疑时，我们也可以采用这一心理策略。

客户：“请问我买的房子，大概什么时候可以收房呀？”

销售员：“一般情况下是签完合同，收到首期房款三个月之后。”

客户：“要这么长时间呀，一个月时间行不行呢？”

销售员：“如果要求一个月时间收房的话，装修人员就要赶工。您知道慢工出细活，赶工的时候，容易忙中出错，最后影响您房子的装修质量，那就划不来了。”

客户：“噢，是这样呀。那就按正常时间收房吧。”

案例中的销售员运用的计策就是让客户晓以利害，给对方施加了心理压力，在权衡之下，客户接受销售员提出的“不”，同意按时收房。

当然，在使用这一心理策略的时候，我们还需要注意以下两点：

1.把握时机，到顺风顺水的时候再说话

比如，在生意场上，在谈判中，有些时候你能清楚地感觉到事情正在越变越糟。你应该采取守势，退后一步，现在的情势不适合马上反击。很多人在自己处于劣势的时候拼命地试图证明自己，其实不妨退守一步。记住，在你处在劣势的时候，不要急着马上反击，等一等，机会总会到来，那时你才能出奇制胜。

2.胜者总是笑到最后，最后表态

你应该在最后说话的时候尽力最大化你的优势，先观察对手的动作，尽量让对手先表态，然后根据对方的心理变化适时地调整自己的策略。最终，一语中的，让对方心服口服。

要重视最后几句话的影响力

近因效应是指人们识记一系列事物或某人的言论时对末尾部分的记忆效果优于中间部分的现象。当你所传递的前后信息间隔时间越长的时候，近因效应就越明显，原因在于前面的信息在记忆中逐渐模糊，从而使近期信息在短时间记忆中更为突出。心理学认为，人的记忆受到“近因效应”的影响，在交往过程中，我们对他人最近、最新的认识占了主体地位，使过去的一些评价得以改变。换句话说，就是我们在说最后一句话或留下最后一个印象时，对方往往是记得最牢的。

在生活中我们经常都会经历这样的场面：两个朋友在一起愉快地聊天，可是，告别的时候，她居然说了一句很恶劣的话。那么，无论之前的畅谈多么愉快，我们都会把最后一句话留在心里，并挥之不去，而且，这句话所造成的影响将波及彼此的关系。相反，本来对那个人的印象并不好，但分别时她居然说“认识你真高兴，我觉得今天你真漂亮，咱们下次再聊”，那么你会觉得以前不好的都随之而去，从此对她有了好的印象。其实，这些都是心理学上的近因效应在起作用。

曾国藩在最初和太平军的交锋中，一直处于劣势，于是在奏折中称自己“屡战屡败”。但他幕下的一个师爷看了说，不要这样写，而是将四个字的位置调动了一下，变成了“屡败屡战”。曾国藩恍然大悟，把奏折改了过来，交了上去。结果一个“常败将军”的形象变成了败而不馁、坚忍不拔的形象。

其实，在这里我们不难看出，在整个说话过程中，最后一句话往往决定了整句话的基调。比如，上司对下属说“这个月总能超越上个月的销售额吧，虽然这个月销售出去的产品很少”，或者说“虽然这个月销售出去的产品很少，总能超越上个月的销售额吧”。其实，这两句话的意思是一样的，但就是因为语句排列的顺序不同，给对方的印象却是迥然不同的。前者给对方留下悲观的印象，后者给对方留下乐观、积极的印象。相比较而言，后者传递的言语暗示会更容易影响其心理。

谈判过程中，虽然张先生一再表现出合作的诚意，但对方公司负责人就是不为所动，甚至言辞犀利地拒绝：“我觉得你们公司不合适做我们的合作伙伴，您现在提出的一些要求都是毫无作用的。”张先生遗憾之余，还是面带微笑说：“谢谢贵公司能在百忙之中抽出时间与我公司会谈，以后我还会为咱们的合作继续努力。”说完，他还亲自把对方谈判代表送到酒店门口。次日，张先生却意外接到了该公司的邀请电话。

张先生利用告别时的“近因效应”挽回了合作伙伴，促成了谈判的成功。工作中的洽谈并不是一两次就能完成，即便双方已经达成了协议，但毕竟是合作伙伴，说不定以后还能遇到。

说好最后一句话给未来做好铺垫，同时，给对方留一个好的印象，这都是十分重要的。

1.“今天真的很愉快”

即使在谈话即将结束的时候，我们也要向对方传递友好的信息，否则有可能你无意的一句话就毁掉了前面的整个沟通。比如，“今天真的很愉快！”“我觉得你是个很不错的聊天伙伴，下次有空再过来玩。”“谢谢你今天的盛情招待，我过得十分愉快。”给对方留下好的印象，有利于进一步接触或者下一次合作。

2.简洁有力的告别语

在结束整个谈话的时候，告别语不宜过多，如果你总是絮絮叨叨“今天我真高兴，没想到你会邀请我到你家来，这真是我的荣幸啊……那我走了啊，哎，你就别送了。”这样对方会觉得你很啰嗦，之前对你的好印象都会消失不见。相反，如果你用简洁有力的语言告别“今天过得很愉快，谢谢你，再见！”对方会觉得你是一个做事果断的人，对你更有好感了。

3.“你能给我这份工作吗”

一般情况下，应聘者参加面试结束时很少会注意最后一句话，其实在大多数情况下，最后一句简单的话会收到意想不到的效果。我们可以在最后一句话传递期待的心理，如“你能给我这份工作吗？”“我最晚什么时候能得到回音？”“如果因为种种原因你没有在最后期限通知我，我可以联系你吗？”你所传达的期待心理，会使他人对你的印象大大改观，最后一句话有效地影响了其心理，或许你最后就得到这份工作了。

碰触软肋，用言语击中对方要害

软肋原指胸腔的肋骨，这一部位容易被他人攻击，后来用于形容事物的缺陷、弱点等容易发生问题或遭受破坏的地方，同时，也指一个人的痛处、小辫子、脆弱点等。事实上，每个人都有致命的弱点，有可能是贪图金钱，有可能是刚愎自用，有可能是曾经的痛处。假如我们能够在沟通时用言语适当地触碰对方的这些“软肋”，对方就会因为心理防线被瓦解而降服于你。“软肋”是一个很好的利用工具，任何人都不想自己的软肋被击中，一旦最薄弱的地方都被击垮了，那他还有什么不能答应的呢？当然，“软肋”这种地方并不能随便触碰，需要拿捏好一个“度”，适当地触碰会令其心理发生变化，相反，稍微过分，对方就有可能会被逼急而“跳墙”。

某广告公司策划了一次宣传活动，为了给宣传活动造势，他们打算请一位明星来代言。但是，明明已经签订了合约的经纪人却以档期已满为理由拒绝出席此次宣传活动，眼看宣传活动马上就开始了，广告公司不得不放出狠话：“如果现在咱们不能达成协议，新闻界就会把整件事情的内幕刊登出来，到了那个地步，我也不知道怎么样才能合法地把新闻压制下去，对此，你有什么高见呢？”

利用对方的“软肋”给予适当的压力，这会令对方更容易做出决定，他会在压力之下不得不答应你的请求。如果我们想影响他人的心理，必须首先了解对方这个人。最关键在于了解其软肋所在，在他们心中有何种欲念，有怎么样的性格特征。然后，我们再根据对方的性格，寻求其弱点，达到影响其心理的目的。

20世纪80年代，我国曾与突尼斯SIAP公司的商务代表、技术代表关于在我国兴办化肥厂的有关事项进行谈判。中突双方都非常重视这个建设项目，双方完成了可行性研究报告。经有关人员的反复论证，选择了具有优越港口条件的秦皇岛市作为建厂地点。可行性研究报告刚刚结束，科威特石油化学公司得此消息，便立即表态，愿参与此项目，与中方合资办厂，并派出了谈判代表。

可是，出乎意料，谈判一开始，对方听了我方介绍完该项目的前期工作，就表示：“厂址选在秦皇岛不合适，你们所做的一切工作都是毫无用处的，要从头开始！”这话无异于晴空霹雳，一时难以提出反驳意见，谈判陷入僵局。我方一代表却猛地起身发言：“我们为了建设这个化肥厂，安置了……看来这事项要无限地拖延下去了，那我们也只好把这块地让出去！对不起，我还有别的事情需要处理，我宣布退出谈判，今天下午我等候你们最后的决定！”三十分钟后，情势急转直下，对方表态：“快请代表先生回来，我们强烈要求迅速征用秦皇岛的厂地！”

谈判最终取得成功的秘诀在于，我方代表抓住了对方的“软肋”，他们不敢真正地舍弃秦皇岛这个占据优势的地理位置，当我方代表说“那我们只好把这块地让出去了”的时候，一下子击中了对方的要害，令其不得不降服于自己。

在人际交往中，我们要善于抓住对方的“弱点”，即软肋。在某些时候，只要抓住了对方的这些弱点，就会使他们不得不听命于你的安排。当然，当我们想办法抓住对方软肋的时候，还应该避免让对方抓住自己的软肋。

1.用语言巧妙暗示

即使你清楚对方的软肋在哪里，也不要直接说出来，而要通过语言巧妙暗示，否则有可能会激怒对方，比如“你也知道，如果我把这些照片交给你夫人或者你的上司，后果肯定……”暗示对方你已经抓住了“软肋”，逼其就范。

2.“如果你不怎么样，那么后果将会很严重”

既然已经抓住了对方的软肋，就要向对方施加一定的压力，这样才会有效地影响对方心理。换句话说，你应该说清楚如若不答应将产生什么样的后果，比如“如果你不及时采取行动，到时候我可控制不了事态的蔓延”，施加一定的压力，达到操控其心理的目的。

3.孤注一掷，发出最后警告

有时候，对方希望通过威胁来达到自己的目的，但事实上，他并不能真正地割舍那部分利益。面对对方这样的心理，我们应该将计就计，孤注一掷，发出最后警告：“那我们实在没有办法，看来只好与下面一家公司签约了。今天我有事先告辞了，希望你尽快给我答复。”如此将计就计，他难道还不降服吗？

挖掘对方欲望点，说出合心意的话

投射效应是指将自己的特点归因到对方身上的倾向，即以己度人，认为自己具有某种特性，对方也一定会有与自己相同的特性，于是，他们把自己的感情、意志、特性投射到对方身上并强加于人。比如，一个善良的人认为对方也是善良的，一个敏感多疑的人，则往往会认为别人都是不怀好意的。

投射效应使我们对他人的认知失真。我们在对他人形成印象时，有一种强烈的倾向就是假定对方与自己有相同之处，但实际上对方所具备的特性却是全然不同的。由于投射效应更倾向于以自己是什么样的人来认知他人，而不是按照被观察者的真实情况进行认知，因而，投射效应是一种严重的认知心理偏差，它会给正常的人际交往带来严重的负面效应。所以，在日常交际中，我们需要克服这样的心理，善于从言谈中挖掘对方的欲望点，继而影响其心理。

1964年，刚从海军学校毕业的吉米·卡特，遇到了海军上将里·科弗将军。当将军让他谈谈自己的事情的时候，吉米·卡特为了获得里·科弗将军的喜欢，骄傲地谈起了自己在海军学院的成绩，他说自己在全校820名毕业生中，名列58名。他自认为将军听了他的成绩后一定会对他刮目相看，没想到将军却没有任何反应地问道："你尽力了吗？为什么不是第一名？"这句话让吉米·卡特不知道如何回答。

吉米·卡特与将军的对话验证了错误投射现象带来的负面影响。心理学研究发现，在日常生活中，人们总是不自觉地把自己的心理特征强加在对方的身上，认为自己是这样想的，对方也应该有同样的想法，并试图通过这样的想法去影响他人，最终却适得其反。

投射效应主要有两种表现形式：一是感情投射，也就是认为对方的喜好与自己有相同之处，继而按照自己的思维方式，试图来影响其心理；二是缺乏客观性的认知，他会以自己的价值判断去过度地赞扬喜欢的人，或者贬低厌恶的人。其实，投射效应告诉了我们一个道理，即每个人的心理都是不同的，我们不要以已心来度人，需要在言谈比较中挖掘出对方的欲望点，准确投射，这样才能有效地影响对方心理。

1.自己的喜好无法正确衡量别人

俗话说："物以类聚，人以群分。"这就是人们心理活动的一种折射，在投射效应的驱使下，人们的行为常常有失偏颇，继而不能更好地影响他人心理。比如，你自己很喜欢吃西餐，并不代表对方就会喜欢吃西餐。因此，我们在交际中不要以自己的喜好来衡量别人，这样造成的结果只会适得其反。

2.通过言语比较洞悉其心理

如果自己喜欢吃火锅，你可以试着询问："你觉得火锅怎么样？"假如对方回答："火锅还行吧，我倒觉得牛排挺不错的。"通过言语比较，对方所中意的应该是牛排而不是火锅；假如对方回答："我最喜欢火锅了。"那么，他的喜好应该和你差不多。

3.利用惯性思维

税务员假装不相信地问道："唉，据我所知你没有这个肚量。"店主有点生气："什么！我没有那个肚量，这算什么呀！自从今年来，我哪个月不卖个两万多呀。""那好，你先把这几个月所漏的税额补交了吧！"税务员说道。这里，税务员所使用的就是惯性思维，利用其欲望点洞悉其心理。

积极聆听，把话说到对方心坎儿上

沟通是双方通过语言或非语言来交流思想感情的过程，因此，在沟通过程中，我们不仅需要说话，也需要适当地聆听。是否能够通过语言来影响其心理，就取决于你是否悉心聆听了。良好的聆听会为你捕捉到许多有效的信息，而这些信息将决定你是否能够成功地影响他人心理。说话是一个传递信息的过程，把话说到位，不仅关系到准确表达自己的思想，而且还关系到自己的思想被对方所接受并产生共鸣。换句话说，把话说好，关键在于把话说到对方心坎上，以此影响其心理。那么，如何把话说到对方心坎上呢？这就需要我们善于通过聆听来洞悉对方的心理需求，再利用语言将自己的思想传递给对方，满足其心理需求，达到影响他人心理的目的。

有一天，车上的乘客很多，而这时又上来了一位抱小孩的妇女。电车售票员小丽像往常一样对乘客们说："哪位同志给这位抱小孩的女同志让个座？"但她连喊了两次，却无人响应。小丽并没有着急，缓缓地站了起来，用期待的眼神看了看靠窗口的几位小伙子，提高了嗓音："抱小孩的那位女同志，请您往里走，靠窗坐的几位小伙子都想给您让座，可就是没有看见您。"话音刚落，"呼啦"一声，几位小伙子都不约而同地站了起来让座。这位女同志坐下以后，光顾喘气定神，忘记对让座的小伙子道谢，小伙子面露不悦的神色。小丽看在眼里，心中明白，她忙中偷闲，逗着小孩子说："小朋友，叔叔给你让了座，你还不谢谢叔叔。"一语提醒那位妇女，连忙拍着孩子说："快谢谢叔叔，快谢谢叔叔。"那小伙子听到"谢谢叔叔"时，连声说："不客气。"

小丽不过说了最简单的几句话，却产生了这么大的效果，秘诀就在于她能够通过察言观色聆听出他人的心理需求，这里的聆听并不只是单纯地"听对方的言语"，还需要"聆听"对方的非语言暗示。小丽通过"聆听"对方的非语言暗示，了解到对方的心理需求，恰到好处地说出几句话，句句都在对方心坎上。

19世纪，在奥地利的维也纳，妇女们喜欢戴一种高高耸起的帽子。她们进剧场看戏也不愿将帽子脱下，以致后排的观众被挡住视线。这些后排的观众纷纷去找剧场经理提意见，于是，经理就上台请在座的女观众脱帽，然而说了半天妇女们也不予理睬。最后经理又补充了一句话："那么，这样吧，年纪大一点的女士可以照顾，不必脱帽。"这句话一出，全剧场的女士竟齐刷刷地把帽子脱了下来。

虽然，妇女们并没有发表任何意见，但她们的行为却透露出这样的信息"戴着高高耸起的帽子是为了使自己变得年轻美丽"，剧场经理"聆听"出了她们的心理需求，针对其心理，说出这样的话"年纪大一点的女士可以照顾，不必脱帽"，暗示出"如果你觉得自己年纪比较大，那就别脱帽吧"。一句话说到了妇女们的心坎儿上，她们纷纷脱下了自己的帽子，因为谁也不想承认自己年纪大。

在沟通过程中，我们需要积极地聆听，让对方尽可能地传递出更多有效的信息，以听出对方的兴趣点，这样我们才有机会把话说到对方心坎儿上，从而影响其心理，最终赢得对方的信任。

1.表示理解

有时候，即使我们不能认同对方的做法，也需要表示出理解："您说得很有道理，我非常理解您。""谢谢您，如果我站在您的位置，也会有与您一样的想法。"话说到了对方心坎上，他会不自觉地受你影响。

2.维护对方的自尊心

美国著名的哲学家詹姆斯曾经说过："人类天性的至深本质就是渴求为人所重视。"当对方的表述有些偏颇的时候，我们需要维护对方的自尊心，尽量以委婉的表达方式传递这样的信息："您说得非常有道理，但我相信，总会有不一样的情况。"

3.具体而新颖的赞美

每个人都渴望别人的赞美与认同，当我们察觉出对方有这方面的心理需求的时候，需要给予具体而新颖的赞美之词，比如，"您的声音真的非常好听。""听您说话，我就知道您是这方面的专家。""跟您谈话我觉得自己增长了不少见识，谢谢您了！"这些恰到好处的赞美会触动对方内心，继而赢得对方的信任，最终达到影响对方心理的目的。

第 12 章

巧用暗示语，旁敲侧击用言语引导他人

巧妙暗示对方身上不足

沟通是一种复杂的心理交往，而每个人的微妙心理、自尊心往往在里面起重要的控制作用，稍微触及它，就有可能产生不愉快。所以，对一些只可意会不可言传的事情，或者可能引起对方不快的事情，比如对方的不足之处，这时候不能直言相告，只能通过语言暗示来达到目的。在说话时，我们需要真诚，但却不一定要真实，比如对方是一个长相欠佳的人，你一见面就说："你长得真难看！"相信对方在自尊心受伤的同时也会恶语相向，和谐的人际关系也随之消失。基于每个人的微妙心理和自尊心，我们在说话时应尽量利用语言来传达心理暗示，巧妙提出意见，不伤和气地令对方意识到自己的不足之处。

有一天，有个倒卖香烟的商人正滔滔不绝地大谈抽烟的好处。不一会儿，从听众中走出来一位老人，他大声说道："女士们，先生们，对于抽烟的好处，除了这位先生讲的以外，还有三大好处哩！我不妨讲给大家听听。"商人一听见老人说的这话，转惊为喜，连忙向老人道谢："十分感谢您了，老先生。我看您气宇不凡，说话动听，肯定是位学识渊博的老人，请您把抽烟的三大好处当众讲讲吧！"老人微微一笑，立刻讲起来："第一，狗见到抽烟的人就害怕，就逃跑。"台下的人显得莫名其妙，商人则暗暗高兴。"第二，小偷不敢到抽烟人家里去偷东西。"台下的人很是不解，商人则喜形于色。"第三，抽烟者永远年轻。"台下的一片轰动，商人则满面春风，得意洋洋。

不料老先生接着说："女士们，先生们，请安静，我还没说清楚为啥会有这样三大好处呢！"商人十分高兴地说："老先生，请您快讲呀！""第一，抽烟的人中驼背的多，狗一看到他们以为拾石头打它哩，它能不害怕吗？”台下的人发出了笑声，商人则吓了一跳。“第二，抽烟的人夜里爱咳嗽，小偷以为他没有睡着，所以不敢去偷东西。”台下的人一阵大笑，商人则大汗直冒。“第三，抽烟的人很少有长寿的，所以永远年轻。”台下的人一片哗然。

老先生并没有直接批评商人的行为，而是先表示赞同商人的说法，再一步步通过语言表达出自己的想法，这样就收到良好的效果。正所谓“曲径通幽，渐入佳境”。

丘吉尔说：“要让一个人有某种优点，你就要说得好像他已经具备了这种优点。”有可能身边的朋友遇到困难就畏首畏尾，或者办事时总是犹豫不决，那么这时候你可以通过言语来暗示：“这样畏首畏尾不是你以前的表现啊！”当你给他戴上应该具备优点的帽子时，由于给他一个良好印象的“定位”，因而，他会在言语中意识到自己的不足。在这一过程里，你已经影响了他的心理，并引导他走进了你的“布局”，最终他会为此而奋斗，从而改变自己的一些缺点。假如你直接对他说：“你这个人真笨，什么事情都做不好。”这样会伤害对方的自尊心，也会伤了彼此的和气。

那么，如何运用一些不伤和气的话来巧妙暗示对方身上的不足之处呢？

1.委婉含蓄，巧妙暗示

委婉含蓄的语言表达是一种艺术，这样的表达方式比口无遮拦、直言不讳更能体现出自己的修养。直言不讳虽然简单明了，但容易刺伤对方的自尊心，影响到他人心理，使他产生不愉快的情绪，继而造成和谐人际关系的破裂。而委婉含蓄的表达显得礼貌得体，使对方听起来轻松自在，心情愉快，也更容易接受。当你通过语言暗示给对方的时候，实际上已经操控了其心理。

2.直言直语伤人，何不绕个弯

每个人的心理都是极其微妙的，间接比直接更能产生有效的影响效果。一针见血地指出对方的缺点，尽管你的出发点是好的，但直言直语的杀伤力却是很强的，很容易就让别人下不来台。如果你绕个弯，用言语暗示的方式来提醒对方，这样的效果远比直言直语更令人满意。

3.使用“是的……但是……”

这个句式对别人可以先肯定后否定，要学会使用“是的……但是……”句式。比如，一位职工在象棋大赛中得了冠军，但在技术考核方面成绩却不理想，车间主任找他谈话时说：“是的，你象棋比赛得第一，使我们车间也感到光荣。但是，如果你在学技术中也同样有股钻劲和拼搏精神，技术考核成绩也会领先的，这就两全其美了。”对方在听到夸奖时产生了愉悦的心情，这意味着他已经“掉”入了你布好的局，而你也成功地影响了他的心理。

4 .永远不说“你错了”

大多数人都具有武断、嫉妒、猜忌、傲慢等缺点，所以难以向别人承认自己错了。事实上，每个人都有固执己见的毛病。如果对方真的错了，你想让他意识到自己的错误，也应该回避“你错了”或类似的词语。比如，当你直言不讳地指出“你错了”的时候，会给对方心理造成伤害，这也是你不想看到的情景。

用暗语表达，避免直言伤害

语言暗示，也就是不明说，而用含蓄的语言使人领会。当我们为了某种目的，在无对抗的条件下，通过交往中的语言，用含蓄、间接的方式表达出一定的信息，对方就更容易接受自己的意见或观点。在日常交际中的一些场合，许多话都不便于直说，这时可以利用言语暗示来传递一些信息，暗示所采取的方式可以是含蓄的语言，但只要对方能够明白你所表达的意思，那么操控他人心理的目的就达到了。大量事实证明，暗示比直言快语更能突显出表达效果，因为它所表现出来的婉转曲折，总是给人以愉快的心情。

在日常生活中，很多时候我们都无法直接表达自己的想法，这时候就需要暗示来表达，于是就出现了一语双关、含沙射影、指桑骂槐等旁敲侧击的艺术性语言。既然可以用暗示的语言来表达自己的厌恶，当然，我们也同样可以用暗示的语言来表达自己的喜欢。

1.含蓄表达爱情

通过话语暗示来表达爱情，这可以使话语本身具有一定的弹性，不至于对方一拒绝就没有挽回的余地，而且，这也符合恋爱时的羞怯心理。

2.委婉表达讥讽之意

在日常交际中，直接辱骂别人，听者当然很容易就能听出来。但如果对方是利用暗示语言来侮辱人，我们就更应该注意了，这时不仅要善于听出别人的恶意，还应该“以其人之道还治其人之身”。比如，安徒生戴了一顶破帽子，过路人取笑：“你脑袋上边那个玩意是什么？能算是帽子吗？”安徒生随即回道：“你帽子下面那个玩意是什么？能算是脑袋吗？”

3.暗示拒绝

有的人喜欢用暗示来投石问路，这时你也可以用暗示来拒绝对方。比如，面对老乡的借宿的请求，李先生这样暗示拒绝：“城里比不了咱们乡下，住房可紧了。就拿我来说吧，这么小的屋子居然住着三代人……你们大老远地来看我，不该留你们在我家好好地住上几天吗？可是没有办法啊！”老乡只好知趣地走了。

4.暗示自己的不满

有时候，面对他人的错误，我们也最好以双关影射之言来暗示，迫使对方意识到自己的错误。比如，顾客发现汤里有一只苍蝇，巧妙暗示老板：“对不起，请您告诉我，我该怎样对这只苍蝇的侵权行为进行起诉呢？”

用话语暗示打消他人的疑虑

在日常交际中，由于我们的一些话语或者行为，有可能会使对方心中充满疑虑，这时候如果不及时打消对方的疑虑，交流就无法继续进行下去。当然，我们可以通过言语暗示把自己的想法传递给对方，使对方能够打消心中的疑虑。一般而言，每个人对于自己心中的想法都有保密的冲动，他们不希望自己的心思被别人看穿。鉴于对方这样一种心理，即便我们猜中了对方正在焦虑的事情，也不能直接说出来，而是巧用话语暗示，正所谓“曲径能通幽”。

李娜小姐因公出差，在火车上与一位男士坐在了一起。火车开了没多久，男士就主动打招呼，李娜觉得自己一个人挺闷，于是就和他攀谈了起来。两人就一些话题聊了起来，可是，聊着聊着，那位男士竟然将话题一转，贸然发问：“你结婚了吗？”李娜顿时心生厌恶，迟迟不回答，男士见李娜突然变得不高兴，显得有点不知所措。为了打消男士心中的疑虑，李娜解释说：“先生，我听人说过这样的话：‘对男人不能问收入’，所以刚才我并没有问你的收入；‘对女人不能问婚否’，所以你这个问题我不能回答了。请你谅解。”那位男士听李娜这样一说，尴尬地笑了笑，就不再说话了。

面对男士的唐突问题，如果李娜保持沉默，就会显得不太礼貌。为了打消对方心中的疑虑，也为了给对方一个台阶下，李娜巧妙用语言暗示出自己拒绝回答问题的真实原因，同时，这也使男士意识到自己言语的失礼之处。

在日常交际中，我们该如何巧妙运用话语暗示来达到自己的目的呢?

1.巧妙引用第三方的话

销售员在向顾客推销产品的过程中，当他说自己的产品是如何如何好的时候，对方通常都会怀疑他所说的话以及其产品质量。这时候，不妨换一种方式来说这件事情，就可以大大消除顾客的疑虑。巧妙引用第三方的话，向对方说出产品的评价，这就是打消顾客疑虑的好方法。比如，你可以这样说：“我的邻居已经用了三四年了，仍然好好的。”言语中暗示出产品质量绝对能过关，虽然邻居并不在旁边，但这已经有效地打消了对方心中的疑虑。

2.暗示对方的疑虑是没有必要的

针对部分客户的“保险是骗人的勾当”这样的观点，销售员可以解释物价改革的必要性以及影响当前物价的各种因素，并进一步分析保险带来的利益：“即使物价会有所上涨，有保险总比没有保险好。而且我们公司早已考虑了这些因素，顾客的保险金是有利息的。当然，我这么年轻在您面前讲这些，实在有点班门弄斧，还望您多多指教……”通过语言暗示对方的疑虑是没有必要的，从而影响他人的心理变化，达到说服他人的目的。

3.通过比较来暗示

销售员在推销产品的过程中，可以把退款保障期定为竞争对手的两倍，立即突显出自己的“竞争力”。比如，“产品在销售之后28天内，若发现质量问题，我们承诺百分之百全额退款，而一般的产品退款保障期只有14天……”通过比较暗示出产品的优势特点，打消对方心中的疑虑。

巧用举例，让对方明白你的用意

在很多时候，我们会有一些难以言说的话，或者不便于表达的想法，这时候我们可以借助于讲故事或者举例子，婉转地表达出自己的想法和建议，让对方明白自己的用意。无论是讲故事还是举例子，我们都是通过一些事例来传达自己的观点。如果直接说出自己的意见或想法，对方有可能会拒绝接受，这就需要具有隐晦性而又有代表性的事例来加以表达，一方面可以省去直接表达带来的弊端，另一方面还可以增强一定的说服力，同时，这样的表达方式也更容易让对方接受，继而影响到对方的心理。

战国时代，齐国有一个名叫淳于髡的人。他的口才很好，也很会说话。

他常常用一些有趣的隐语来规劝君主，君王不但不生气，而且乐于接受。当时齐国的齐威王，本来是一个很有才智的君主，但是，在他即位以后，却沉迷于酒色，不管国家大事，每日只知饮酒作乐，而把一切正事都交给大臣去办理，自己则不闻不问。因此，政治不上轨道，官吏们贪污失职，再加上各国的诸侯也都趁机来侵犯，齐国处于灭亡的边缘。

虽然齐国的一些爱国之人都很担心，但是，因为畏惧齐王，所以没有人敢出来劝谏。有一天，淳于髡见到了齐威王，就对他说："大王，为臣有一个谜语想请您猜一猜：某国有只大鸟，住在大王的宫廷中已经整整三年了，可是他既不振翅飞翔，也不发声鸣叫，只是毫无目的地蜷伏着，大王您猜，这是一只什么鸟呢？"齐威王本是一个聪明人，一听就知道淳于髡是在讽刺自己像那只大鸟一样，身为一国之尊，却毫无作为，只知道享乐。而他也不是一个昏庸的君王，于是沉吟了一会儿之后便毅然地决定要改过，振作起来，做一番轰轰烈烈的事。因此他对淳于髡说："嗯，这一只大鸟，你不知道，它不飞则已，一飞就会冲到天上去，它不鸣则已，一鸣就会惊动众人，你慢慢等着瞧吧！"

淳于髡所引用的"隐语"实际上就是讲故事或者举例子，把自己劝谏的内容通过隐晦的方式传达给君王，这样一种进谏方式无疑会受到君王的喜欢。而且，齐威王本人也是一个非常有智慧的人，他很喜欢听隐语，虽然他不喜欢听别人的劝告，但淳于髡这样婉转的劝告却让他愉快地接受了。在一番言语之中，齐威王接纳了淳于髡的劝告，意味着他的心理受到了影响。

自古以来，那些颇具智慧的大臣在向君王进谏的时候，都会采用到这样的表达方式。比如，在《邹忌讽齐王纳谏》中，邹忌并没有直接说出自己的建议，而是通过举例子来表达自己的想法："臣诚知不如徐公美。臣之妻私臣，臣之妾畏臣，臣之客欲有求于臣，皆以美于徐公。今齐地方千里，百二十城，宫妇左右莫不私王，朝廷之臣莫不畏王，四境之内莫不有求于王：由此观之，王之蔽甚矣。"

所以，我们在交谈过程中，若是遇到不好说的话或者不好表达的意见，也可以巧妙地通过讲故事、举例子来传达给对方，让对方明白自己的用意。

1.选择代表性的故事或例子

在谈话中讲故事或者举例子，都可以起到使谈话内容具体、增强说服力的作用。但是，我们在选择故事或例子的时候，需要注意其代表性。如果你讲了一个很长的故事，但却因为不具备代表性而使对方不知所云，这样就无法达到沟通的效果。

2.注意故事或例子的适当性

当我们在讲故事或举例子的时候，还需要注意其量的适当性，不能老是在谈话中讲故事、举例子。偶尔在谈话中穿插一个故事或例子，这样让人感到很新鲜，但经常使用也会使人心生厌烦。

3.注意表达的隐晦性

当我们在选择讲故事或者举例子的时候，肯定是想避免直接表达带来的弊端。因此，即便是在讲故事，或者举例子，我们也要适当注意表达的隐晦性，不能直白地在故事中阐明自己的想法。我们所需要表达的想法和意见，完全可以借助于故事或例子去婉转表达，这样才能更好地影响对方的心理。

会说弦外之音，让对方心领神会

在日常交际中，对于一些难以启齿的需求，我们无法直接开口说出来，而是需要借助含蓄的语言才能达到表达的目的。很多时候，我们不得不向他人提出自己的所需所求，有可能是对方没有意识到的尴尬问题，也有可能是求人办事，这时候含蓄的表达效果远远高于直截了当。含蓄表达是从侧面切入，暗中点明自己要表达的意思，换句话说，就是把话说在明处，却把含义藏在话的暗处。在正常交际中，我们要善于用含蓄的语言来表达自己的需求，传递出话语的“弦外之音”。

纪伯伦曾经说：“如果你想了解一个人，不是去听他说出的话，而是去听他没有说出的话。”一般情况下，我们都不会轻易地把自己真实的意见或者想法直接说出来，但这些感情或意见却总会在我们的语言表达里表现得清清楚楚。所以，在沟通的过程中，我们不仅需要听得出别人的“弦外之音”，而且还要善于去传递自己的“言外之意”。

战国时期，楚国发兵攻打齐国，齐威王决定派能言善辩的淳先生去赵国求救。他让淳先生驾上马车十辆，装上黄金一百两，淳先生见了放声大笑，连系帽子的带子都笑断了。齐威王就问：“先生是嫌这些东西少吗？”淳先生说：“我怎么敢嫌少呢？”“那你刚才笑什么呀？”齐威王又问道。淳先生这才停住了笑声，说道：“大王息怒，今天我从东面来时，看见有个农民在田里求田神赐给他一个丰收年，他拿着一只猪蹄和一坛子美酒，祈祷说‘田神啊田神，请你保佑我五谷成熟，米粮满仓吧！’他的祭品那么少，而想得到的却是那么多，我刚才想到了他，所以禁不住想笑。”齐威王领悟了他的隐语，马上给他黄金一千两，车马一百辆，白璧十对。最后，淳先生出使赵国，搬来了十万精兵。

淳先生通过讲述自己经历的一件事情，暗示齐威王“拿很少的东西，却想得到更多的帮助”，并且暗示这样造成的结果肯定是求救失败。在整个谈话过程中，淳先生并没有直接表达自己的想法，而是处处用隐语作巧妙暗示，这样既没有拂了齐威王的面子，又达到了自己成功进谏的目的。

毫无疑问，在交际中我们是需要“言外之意”的，因为在很多时候，说话不能太直白、太明了。比如，给上司提意见的时候，不能表现得比上司还强；批评对方的不足之处，不能伤害他人的自尊。

那么，如何含蓄地表达，才能让对方领会隐藏在话语中的真实需求呢？

1.通过说话方式传达自己的需求

在日常交际中，我们通常都会把自己的真实情感隐藏起来，事实上在我们的言谈中却时刻流露出“蛛丝马迹”。这时，说话方式便是一个透露给对方内心所想的“窗口”，我们的说话方式不一样，所反映出的真实需求也不同，注意自己的说话方式，便能够把自己的真实需求传递给对方。比如，对他人表示心怀不满或者有敌意时，我们的说话速度就变得迟缓，而且显得比较木讷。

2.说话的表情

有的人对自己的喜怒哀乐从不掩饰，有的人习惯于不动声色地掩饰自己的情绪，所以，我们在与别人交谈的时候，要学会用表情来传递自己的真实需求。比如面对同事的诉说，你表示“我当然也很关心”，但脸上却分明显得很漠然，传递着“谁有空来管这件事啊”的态度，对方也会领会到你不耐烦的情绪。

3.巧妙穿插“暗语”

我们的表述方式与表述习惯会传递出某些信息，你可以在言语中穿插一些暗语，“我会试着把这件事安排进工作进度中”，你所传递给对方的信息就是“我早就安排好了，你怎么不早一点告诉我呢？”

引导对方按自己的思路走

语言是我们用来表达、交流思想的工具，我们传递信息、抒发胸臆、交流感情，几乎总是通过语言行为去完成的。于是，在我们运用语言进行交际的过程中，可以根据自己的意图、语言的环境以及其他各方面的因素，使用藏而不露的话语，也就是俗称的“暗语”。虽然，在一般情况下，我们并没有办法去操控他人的想法、语言以及行为，对方的心理变化完全是在我们控制之外。但是，暗语却可以巧妙达到操控他人心理的目的，比如通过藏而不露的语言给予对方一定的心理暗示，引导对方按自己的思路走。

在美国经济大萧条时期，17岁的莉莎好不容易找到一份在高级珠宝店当售货员的工作。在圣诞节的前一天，店里来了一位30岁左右的贫民顾客。他衣着破烂不堪，一脸的悲哀、愤怒。莉莎要去接电话，一不小心，把一个碟子碰翻，六枚精美绝伦的钻石戒指落在地上，她慌忙捡起其中的五枚，但第六枚怎么也找不着。这时，她看到了那个30岁左右的男子正向门口走去，顿时，她醒悟到了戒指在哪里。

当男子的手将要触及门柄时，莉莎柔声叫道："对不起，先生！"那男子转过身来，两人相视无言，足足有一分钟。"什么事？"他问，脸上的肌肉在抽搐。"什么事？"他再次问道。

"先生，我是第一次工作，现在找个事做很难，是不是？"莉莎神色黯然地说。男子长久地审视着她，终于，一丝柔和的微笑浮现在他脸上。"是的，的确如此，"他回答说，"但是我能肯定，你在这里会干得不错。"停了一下，他向前一步，把手伸给她："我可以为您祝福吗？"莉莎立刻也伸出手，两只手紧紧地握在一起，她用低低的但十分柔和的声音说："也祝您好运！"他转过身，慢慢走向门口。莉莎目送着他的身影消失在门外，转身走向柜台，把手中握着的第六枚戒指放回原处。

本来是一起盗窃案，但莉莎却巧妙利用含蓄的暗示方式达到了自己的目的。"对不起，先生！"莉莎首先用了礼貌用语，向对方传递了友好的信息，如果口气过重就有可能造成男子逃跑。同时，莉莎也传达了两层言外之意：你有偷盗戒指的嫌疑；你放心，我不会用粗暴的方式对待你。"我是第一次工作"，暗示我和你也一样"同是天涯沦落人"，借以引起情感上的共鸣；"现在找个事做很难"，言外之意是你把这枚戒指拿走，我可就丢了工作；"是不是"，通过非疑问句，使男子进一步思考，同时扩大暗示效果。在整个沟通过程中，莉莎都是通过语言暗示，引导男子按自己的思路走，最终说服了男子，也达到了自己的目的。

有一次，秦王和中期发生了争论，结果中期赢了，而秦王却输了。中期若无其事、大摇大摆地走出了皇宫。秦王大怒，暴跳如雷，决定要把中期杀掉，以解心头大恨。这时，在秦王身边有个和中期要好的人对秦王说："中期这个人实在是个暴徒，一点也不懂规矩。他幸好遇到大王这样贤明的君主才能活命。如果遇到桀纣那样的暴君，早就没命了！"秦王一听，也就不好再加罪于中期了。

简单的几句话，却暗示了几个含义，其中既有对中期的指责，又暗示了若杀中期秦王就是暴君，相反的意思就是不杀中期就是贤君，如此引导，秦王一想，也就不好再对中期下手了。

1.传递友好信息

在刚开始的交谈中，我们有必要通过语言暗示出自己的真诚与友好，比如"您好"等等，这样对方才会愿意听你说话，而你才能够顺利引导对方的思路。

2.站在对方的角度

在叙述事情的过程中，需要站在对方的角度上，先认同对方的观点，博取他的信任，再把自己的意见传递给对方，这样他更容易接受，也更容易朝着你的思路去想。比如"正如你所说的那样，他一点也不懂规矩，幸好遇到你这样的老板，否则早就被炒鱿鱼了"。

3."我和你一样"

在交谈中，没有什么比"我和你一样"更能引起对方情感上的共鸣了。当对方认为与你是情感相通的时候，他对你已经消除了戒备心理，甚至愿意被你说服，同时，你也操控了其心理。

第 13 章

言此而意彼，朦胧的语言虽委婉也入心

含蓄表达让言辞更有深意

古人云："言有尽而意无穷，余意尽在不言中。"说的就是一种含蓄的语言表达方式。当我们想表达自己内心的意图，但又不好直说时，很多人就会把话说得委婉些，让对方在自己的话中去理解自己的真正意思，这便是含蓄的语言魅力。古往今来，很多只可意会不可言传的事情，都通过含蓄的说话方式得到了展现，它不但用丰富的想象力把我们的用意告诉对方，而且还给平淡无奇的话语添加了无尽的乐趣，使得我们的口才更加充满魅力。

1.含蓄表达作用一：掩饰羞怯心理

在我们身边，并不是所有人都能够勇敢大方地向对方表达自己的心意，总有一些性格内向的人，在与人交流时，由于自身性格的影响，不好意思向别人提出自己的要求或表达自己的想法。而含蓄的语言表达不会太过张扬地表述他们的心意，能够间接地帮他们传达讯息，很好地帮助他们掩饰羞怯的心理。

2.含蓄表达作用二：维护双方自尊心

年轻人自尊心都很强，维护自己和对方的自尊心是人际关系的基本要求。然而当我们在与人交流时，总有些事会必不可少地伤害到对方的自尊心，如拒绝对方的请求，批评教育对方，发表与对方完全不同的意见等。这些事情如果处理不好，很容易影响双方的感情。因此，我们可以用含蓄的语言来表达自己的意见，从而不伤害对方的自尊，这是一个两全其美的好方法。

3.含蓄表达作用三：有话可以不直说

从前，有个酒店老板，脾气非常暴躁。一天，有个客人来喝酒，才喝了一口，嘴里便叫："好酸！好酸！"老板听后大怒，不由分说，把客人绑起来，吊在屋梁上。这时来了另一位顾客，问老板为什么吊人，老板回答："我店的酒明明香醇甜美，这家伙硬说是酸的，你说该不该吊人？"来客说：“可不可以让我尝尝？”老板殷勤地给他端了一杯酒，客人呷了一口，酸得皱眉眯眼，对老板说：“你放下这个人，把我吊起来吧。”

我们都知道，不是所有的人都能接受反对自己的意见，有时，太过直白的话我们可以不直说，通过含蓄的语言让对方自己来理解，这也是一种口才的魅力。

4.含蓄表达作用四：灵活应对话题

众所周知，鲁智深是《水浒传》里的一个典型人物，他不但性格直爽，说话也是快言快语。然而即使是这样的一个人物，在面对一些不好直接回答的话题时，也会选择委婉、含蓄的回应方式。当鲁智深打死恶霸镇关西逃亡到寺庙准备削发出家时，曾与法师有过这样一番对话：

法师：“尽形寿，不近色，汝今能持否？”智深：“能。”法师：“尽形寿，不沾酒，汝今能持否？”智深：“能。”法师：“尽形寿，不杀生，汝今能持否？”鲁智深犹豫了。

法师：“（高声催问）尽形寿，不杀生，汝今能持否？”智深：“知道了。”

不近女色、不饮酒，这些鲁智深都能做到，而要他不杀天下恶人这是不可能的，但如果此时鲁智深照实回答说“不能”，那么法师肯定不会收他为僧。因此他用“知道了”这个回答来敷衍法师，既不违背自己本意，又能剃发出家，不得不说鲁智深懂得含蓄说话的精髓。

含蓄的语言表达方式能帮助我们应对各种交际。也许你性格羞怯，不擅长与人交谈；或许你为了照顾双方的自尊有话不便直说；或许在危急时刻，你要给自己留条后路。总之含蓄些说话，能助你达成目的，轻松面对各种境遇。

言在此而意在彼的说话方法

女性跟人谈话时，很容易谈到自己的孩子、家庭，而这些话大多以发牢骚的方式说出来。例如："我儿子好玩，真叫人担心。"如果你不小心附和说："是啊！那孩子的确如此。"对方必定大为愤怒。

女性的牢骚，细加推敲，不难发现带有这样的期待："我儿子只是好玩，如果这一点改过来，无论成绩或者其他方面，都会有长足的进步。"甚至她可能是在炫耀："我儿子聪明、乖巧，只是好玩而已。"

至于有关先生的牢骚，可以说完全是在炫耀。如"每星期打高尔夫球，连星期天也不在家，他实在应该为孩子想一想。"换言之，她想炫耀："我先生忙着应酬，陪客人打高尔夫球，这是事业成功的现象。"她只是不好意思直接炫耀，所以才采用牢骚的方式说出来。不要附和这种牢骚，应该加以否定才是机灵。

还有的人会说："你家孩子真努力，练琴练到深夜12点，都不累。不像我家的孩子，天天玩，还嚷累。"这时，如果你是他的邻居，就要警惕对方在说你的孩子练琴影响到了他的孩子。如果，你不明其言地回答"是啊，但他练得还是不够好，要更加努力"这类的谦虚话，就会让对方大为光火。

所以，我们说话之前还要察言观色，努力理解其言外之意，有必要时，我们也要采取"言在此而意在彼"的说话方式，才不会让双方尴尬。

比如，遇到异性的纠缠时，我们不妨使用这种方式化解掉他的想法。当今社会，青年女子在生活与工作中与男人接触越来越多，自然令一些男人心动神移，生非分之想。怎样使男人们打消念头，又不至于影响到彼此关系，这是摆在青年女子面前的一道难题。有一位女子，相貌出众，在一家公司负责产品销售策划。一次跟某公司经理谈判之后，经理悄悄主动邀请她："小姐，晚上陪我吃夜宵好吗？"她不得不按时赴约。见面后，经理喜出望外，情意绵绵。女子竭力向经理劝酒，滔滔不绝地向他介绍公司的发展计划，并不时赞扬这位经理，称他是一位有修养、有气质、讲信用、受人尊敬的现代企业家。最后两人共舞一曲而告终。临别时经理握住女子的手，郑重地说："你是个自尊自爱的女子！我心里会永远记得你这个完美的女孩的。"这位女子的话，既恭维了经理，又让他认识到，你是尊敬他的，不希望他破坏他的形象。这样给对方留足了面子，相信稍有头脑的人都会明白你的拒绝之意而不会令你为难。

有时，当别人兴冲冲地提出自己的规划，但你不太赞同时，你也不可以直接反对，而要用这种说话方式提醒对方。

比如，应酬中，对方提出想要扩大市场，多省市经营，你不赞同对方的意见，认为他首先要提高产品的质量，但又不想直接拒绝，便可以说："太好了，我很支持这种想法。到时候无论走到哪里，都能用到贵公司的东西。不过，到时候恐怕仿冒贵公司的产品更多，也不知道还能不能找到真正的贵公司生产的好产品。"这里虽然提到支持扩大市场，但同时提到仿冒品，聪明而有自知之明的人一听就知道对方在给自己留面子。所谓的仿冒产品，就是指自己的产品质量还不过关，没有必要扩大市场。如果，他能够审慎地思索自己目前的问题，也许就会明白你的用意。

这样的方法虽好，却并不好掌握，但也不是无规律可循，只要我们知道遇到什么情况要用这种方式表达，要怎样用好"醉翁之意不在酒"的表达方式，就可以应付很多这样的状况。

1.运用双关语，是很好的办法

比如在餐桌上，你不小心说了让大家都很难堪的话，有人打圆场说："他醉了。"你猛然醒悟，不妨说："是啊，我只闻了闻酒香，就醉大了，我还要喝三杯，惩罚这醉酒。"大家都能够听出来，你是在给他们赔罪。而你也不失面子，表面上说"酒醉"实际上说"自己得罪了众人，给他们赔罪"。这样的语言既不让自己难堪，也不会让众人觉得你可以轻易向人道歉，软弱可欺，不失为一个好办法。

2.明褒暗贬

这种方式既不会让对方的面子有失，也不会让自己陷入绝境。刘经理是公司原材料采购主管，一次他应邀去吃饭，对方带了好几位女宾，又点了不少美酒佳肴。刘经理觉得不方便在这种情况下喝太多酒或者谈事情，于是，他说道：“今天还没有吃饭，就已经饱了；还没有喝酒，就已经醉了。”对方奇怪地问：“怎么了？”刘经理笑道：“秀色可餐嘛，我看到这么多漂亮的女士，自然饱了；酒不醉人人自醉，这么多漂亮女士在我们身边，我当然醉了。今晚谈事恐怕要让您失望。”对方一听，忙说：“这几位是公司的秘书，她们在这里小聚，我正巧赶上跟她们聊几句。”然后叫上自己的助理，去了另外的包间。一个精美的糖衣炮弹，就让刘经理三言两语挡下了。如果他严词拒绝和几位女士一起吃饭，不仅让对方难堪，如果对方解释，更有让自己陷入“以小人之心，度君子之腹”的危险。相反，短短的看似称赞的话语，反而让自己拥有了主动权。

3.通过小故事、小寓言以幽默的方式惊醒他人

比如，应酬时，你遇到了生意场上的对手。他因为上次你和他竞争的事，还十分恼怒，但你现在必须要和他合作或者让他旁观，否则，就会两败俱伤。你就不妨讲一讲两虎相斗，最终都被捕捉的故事。他就会明白双方的处境，选择暂时旁观，或者和你合作。聪明的人，只需要一点拨，就会明白你的用心，所以直白的话就不如小故事更有趣，更含蓄。

年轻人在与人交往中的言辞需要委婉曲折，这是因为彼此之间都比较陌生，起码不是知心朋友。无论是批评还是恭维，都要含蓄有度。言在此而意在彼的说话方式，能让自己尽可能地避免被动。如果对方提出反对或拒绝，我们起码可以反驳他误会了我们的意思，既给自己留有余地，又给对方留有面子，不失为一种保守而有趣的说话方式。

表达对朋友的不满要委婉

任何一个年轻人都有几个朋友，人生的路就因为有朋友才更好走，可是即使再好的朋友，也会有意见不合甚至是对对方的行为不满的时候。这时

候，年轻人要学会用委婉含蓄的语言表达自己的不满，这样，既不会影响到你们之间的友谊，还能让对方接受你的意见。

第一，含蓄对朋友表达自己的不满时要用真诚的语言，不论对说话者还是对听话者来说，都至关重要。说话的魅力，不在于说得多么流畅，多么滔滔不绝，而在于是否善于真诚地表达你的意见。因此，年轻人在表达自己的不满时，不要让不满冲昏了自己的头脑，忘记了对方是你的朋友，忘记真诚这一信条。

年轻人向朋友含蓄地表达你的不满情绪时，首先要向朋友表明你能理解他的做法，他的做法也是情有可原的。这样，他就会感受到你的诚意，从心理上接受你，这有助于你深入地表达自己的观点，也有助于对方发现并承认自己的错误。

第二，年轻人应该肯定和朋友之间友谊，让对方觉得，无论是什么情况，你们之间的友谊都不会被影响，这是一种“稳定军心”的方法。这样，即使你说了什么，对方都会觉得这不伤及你们的友谊。

小于和她的朋友芳芳在同一家公司上班，小于知道芳芳喜欢占人家小便宜，可是她没有想到芳芳会想要偷自己的方案出去卖。那天下班后，她发现芳芳鬼鬼祟祟的，就跟在她后面，结果就发现芳芳在她的保险柜那里调试密码。小于抓住芳芳，说：“你是我最好的朋友，这一点我从来没否认过，我们从小到大从来没分开过，我也知道你缺钱，我可以借给你，但是你不能去做这种事情啊。放回去，只有我知道！我们还是好朋友。”芳芳哭了，她后悔地说：“我一时糊涂……”

小于在劝解她的朋友芳芳的时候，就先肯定了她们之间的感情，这样，芳芳感觉到了小于的真诚，就会有一种愧疚感，她的心理防线就坍塌了，慢慢地接受了小于的劝导。

第三，年轻人还可以尝试运用幽默的语言间接地表达对朋友的不满，对方听完以后，不仅可以开怀大笑，还能接受你的意见。每个人都喜欢听幽默的语言，就像喜欢听动人的音乐、欣赏美妙的文章一样，风趣幽默的语言是说话的一大特色，它往往能产生“四两拨千斤”的效果。有个年轻的诗人，他很有才华，可是家境贫穷。他有一些出身豪门的朋友，这些人很多次帮助他度过拮据的生活，他很感激。可是这些人却总是有意无意地提及他很穷的事实，似乎还把这个当成他们生活中的乐子。为此，他很不满。

一次，他的一个朋友带了一个将军的朋友来到他家，朋友说要出去玩，他作为主人，不好推辞，可是身上又没钱，只好拒绝，朋友说了一句：“既然没钱，你就给大家作首诗吧。”诗人感到很尴尬，说了一句：“还是请将军先做一门大炮吧！”

当时，在场的所有人都开怀大笑，而他的那个朋友也感觉到自己的话说得不对，真诚地对他道歉。

委婉地向朋友表达自己不满的方式有很多，年轻人要掌握说话的技巧，这样就能在保全友谊的前提下让对方感觉到自己行为的不当。

恋爱中的不满不能说得太直白

人们可以从一个人的表情、举止等身体语言中看出一个人的内心世界，因此这也是年轻人含蓄表达不满的一种方法。

恋爱是一件很甜蜜的事，每个人都很珍惜这种感情，但是两个人在一起难免会产生矛盾，这时，含蓄话语的魅力就展现出来了。

在爱情中，当对方的所作所为引起你的不满时，你要用诙谐的言谈含蓄地表达自己的想法，让对方笑着接受你的“不满”，这样不仅不伤害感情，还能加深双方的了解，增进感情。

小雅的男友非常喜欢跳舞，偏偏小雅是个好静的人。她正参加本专业的自学考试，却常被男友拉去“看”舞。小雅的男友有个很不好的习惯，不跳到舞厅关门不尽兴，久而久之小雅就受不了了。有一次他们从舞厅出来已是夜里十二点多了，小雅说：“你的慢四跳得很棒，我还没看够。你一路跳回宿舍怎么样？”

小雅男友笑着说：“你想累死我啊！”小雅一副认真的样子：“不要紧，我用快三陪你跳。”男友扑哧一乐，“亏你想得出，那我什么时候才能跳回宿舍啊。”小雅这时言归正传：“那你在舞厅丢下我一个人，也不怕我打瞌睡被人掏了包儿。”男友这时才知道小雅压根没有兴趣跳舞，以后就有所收敛了。

如果你想把恋人的某种缺点抑制在“萌芽”状态，就需要用合情合理的话语来说服对方，做一次倾心的交谈。尽管对方会认为你是小题大做，但过后仔细一想，会认识到自己的不对，从而更加珍惜你对他的一片真情。

李佳和男友刘帅谈恋爱时，李佳的父亲生病住院，花费不少。正月里她和男友去男方家拜年。刘帅见李佳想带两瓶一般的酒，很是生气，自作主张地要把李佳的姐姐孝顺她父亲的一瓶高级人参酒带去拜年。李佳心里很不乐意，但她知道男友很爱面子，便借故把刘帅叫到房间，推心置腹地对他说：“这酒可是我姐姐对父亲的一片心意。我父亲当然没有什么意见，因为他只有我这么一个女儿还没成家，给你家亲戚拜年大方一点也是应该的。可你想一想，要是这事让我姐姐、姐夫知道了，心里会是什么滋味。假如你嫂嫂把我们送给她的东西拿去孝顺别人，你心里又是什么滋味……”李佳一番至情至理的话说得刘帅后悔地低下了头，主动向李佳认了错。

我们都知道，人们可以从一个人的表情、举止等身体语言中看出一个人的内心世界，因此这也是年轻人含蓄表达不满的一种方法。比如说你的恋人在观看节目时总喜欢滔滔不绝发表自己的言论，这时我们可以用恰当的身体语言来含蓄表示自己内心的“不满”。你可以神情专注地观看节目，表示无法分心听他的高论，或者找一本杂志来看，以转移视线表示兴趣不一，慢慢地对方就会因为自己的“高见”没有听众而就此打住。

年轻人都有这样的体会，相恋时双方的感情总是美好的，然而在发现对方的不足时，则会感到失落甚至气愤。此时，我们可以用含蓄的表达方式，在不伤害对方感情的前提下，让对方接受你的“不满”，并且让他知道，你是在爱他，而不是在“恨”他。

拒绝求爱者的委婉说话方式

二十几岁是被爱情包围的年纪，在感情的世界里，最高的境界就是两个人两情相悦，但是，这样的境界并不是所有现实中的男女都会拥有的。在感情的世界里往往是落花有意，流水无情。真正对等的爱情不可能出现在每个人的世界里。当你喜欢的人不喜欢你的时候，是很痛苦的。同样的道理，喜欢你的人，你自己不喜欢，想要拒绝对方又不想伤害对方，绝不是件容易的事情。

无论是男孩还是女孩，在拒绝别人的时候，都应该注意自己的遣词，要尽量用委婉含蓄的语言将自己的意思表达出来。这样不仅可以实现拒绝他人的目的，也不至于伤害到他人的自尊心。

这一天，男孩对女孩说：“我真的很爱你！”

女孩一愣，但很快就反应过来：“真的？那我问你，假如我们一起穿越沙漠，身边的水所剩无几，离目的地却还有很远，这些水顶多只够维持一个人到达。这时你会怎么办？”

男孩不假思索地说：“我当然会把水留给你。”

“那你怎么办？”

“我……只要你心里记得我就好了。”

她轻轻一笑，说：“就凭这个答案，你被淘汰出局了。”

“为什么？”男孩不解也不甘，“难道你愿意我说水留给我喝，让你渴死，或是两个人都渴死？”

“不愿意。只是你不必以自己的生命为代价。你的做法我不赞同，如果你只是觉得这样回答我会高兴，那我更不敢相信你了。”

男孩很沮丧，不再有非分之想。

女孩的一个朋友问她："对这样的答案你都不满意，你究竟想要什么？"

女孩这样说："对答案不满意只是一个借口，我的目的只是以最婉转的方法拒绝他。所以，无论他如何回答，我都会以各种理由否定它。这是一个没有答案的问题。"

生活中那些因爱生恨的例子，往往就是因为没有将自己的感情以及自己内心的想法用含蓄的语言表达出来。这样的后果很严重，不但会影响到自己与他人的友谊，还会为自己以后的行为以及处事带来一定的不利影响。

小芳是个活泼开朗又漂亮的女孩，在她的身边有很多追求她的人。但是，她都不喜欢，却只是对一个不喜欢她的男孩情有独钟。那个男孩对她也不是一点感觉都没有，只是没有小芳的感觉来得强烈，所以一直没有进一步的表示。小芳知道自己的幸福要靠自己去争取，于是在朋友们的鼓励之下，她决定要主动出击，争取自己的幸福。她向那个男孩发起了猛烈的攻势，而那个男孩的反应却总是很冷淡，于是小芳退却了。但是通过对以前事情的回想，小芳发现自己不能错过这个男孩，于是又对男孩说起了自己心里的想法。男孩只是说自己不值得小芳喜欢，自己一无所有。小芳当然知道这只是男孩拒绝自己的一种委婉含蓄的表达方式。但是，从来都是众人追逐对象的小芳因为从来没有遇到这样的挫折，于是选择了放弃。而那个男孩也并没有因为小芳的放弃而感到后悔，相反，小芳也因为自己的放弃而找到了更适合自己的幸福，也并没有因为男孩的委婉拒绝而失去什么，反而觉得要感谢男孩含蓄的拒绝。虽然两人最终没有走到一起，但是两人却成了最好的朋友，也没有因为男孩的拒绝而影响两人最初的友谊。

但是，生活中不是每个人都懂得运用委婉的方法拒绝别人的。那些不懂得将自己的想法以委婉的方法表达出来的人，不会将自己的心意以最完美的状态表现出来，反而还会给自己的生活带来一定的困扰，这样的做法也是生活中应该尽量避免的。

被拒绝无疑是件痛苦的事情，但其实拒绝人亦不好过，所以很多女士在面对自己不喜欢的追求者时，都会显得束手无策，如果你也有同感，不妨试试以下方法。

1.只愿意和他做朋友

当一个人对异性发生感情时，在他的心中肯定不想只是做朋友那么简单，所以我们在这个关系定位上，要非常的清晰。当跟这个暗恋自己的人见面时，明确地以“朋友”的态度对待他，绝不可以令他有任何遐想，甚至应经常在有意无意之间强调，你们之间只是朋友关系。

2.减少单独见面的机会

除了保持朋友关系之外，如果可以的话，尽量不要和他单独约会，因为很多异性之所以表错情，往往是因为那个意中人肯单独跟他约会。所以如果想婉拒这位追求者的话，还是不要给他单独见你的机会。

3.不妨先发制人

在和你的倾慕者纠缠一番后，没有取得明显的效果，那么婉拒的程度就要稍微升级。首先，你要下定决心，不要对他产生任何同情之心，直接地拒绝他的约会，每次都以不同的借口打断他的来电，态度强硬地说不爱他的话，这样大多数人都会知难而退。不过这种先发制人的方法，很有可能令你跟他连朋友也做不成，所以在迫不得已的情况下，才应用上这种方法。

情感很难说清，令人匪夷所思。也许你坚定地拒绝他，他会认为你是在考验他。因此，在决定拒绝别人时，要有打持久战的心理准备，这样才能配合自己含蓄的方式与之周旋，会在不得罪人的情况下，达到保持友谊的最终效果。

工作的不同意见要含蓄表达

当今世界，日新月异，作为年轻人要想崭露头角，就必须学会如何委婉含蓄地表达自己在工作中的不同意见。说话含蓄，即把重要的、该说的部分故意巧妙地隐藏起来，或说得不显露，却又能让人家明白你的意思。这就是所谓的“只可意会，不必言传”。

工作中，很多时候，年轻人如果直截了当地表明自己的观点，很可能会伤及领导的面子，也可能会让领导产生反感。这时候，年轻人就应该学会含蓄地表达，这样既能保护自己，又能让领导明白你的观点，可谓一举多得，这就是含蓄的好处。但这就要考验年轻人如何婉约地说话，让领导从心理上接受你，然后接受你的观点。

第一，要让领导对你产生好感。对于一个年轻人来说，有胆量和领导顺畅地沟通是让领导产生好感的前提，否则一切无从谈起。

舟舟在公司做广告策划，他知道自己很能干，也有很多好的创意。但他常常当着公司高层的面笨嘴拙舌，根本表达不清自己的意思。一次公司的策划会议上，他在底下和同事们讨论得相当热烈，好创意不断涌现，精彩极了。但是，一看见公司领导，他忽然说不出话来，仿佛所有的东西都卡在了嗓子眼里，而且当他看到老总越来越紧皱的眉头，就更是说得七零八落的，频频在大家面前失分。

舟舟的才华本来可以展现，可是出于胆怯，他只能望洋兴叹，让自己的才能被埋没。

第二，年轻人需要寻找和领导之间的共鸣，这一点很重要。明知道领导不可能支持你的观点，就不要“拿鸡蛋碰石头”，而应该转移一下话题，寻找领导的兴趣所在，然后将他的思绪慢慢地引入到你的观点上来。比如，你可以围绕他感兴趣的话题提出一些适当的问题，使听者愿闻其详，接着再带领他一起去热烈地追寻答案。在追寻途中，将你所见到的十分清楚的事实列举在他的面前，他便会被你引导，进而接受你的结论。

传说，汉武帝晚年的时候，突然希望自己能够长生不老，并时常陷入这种幻想中。有一次，他和大臣东方朔独处的时候，他问：“你看过这样的相书吗？人的寿命和鼻子下面的人中有一定的关系，人中长一寸，能活百岁，不知道这是真是假？”说完，汉武帝看见东方朔似有讥讽之意，自然龙颜不悦，很生气地说：“你怎么敢笑话我？”东方朔不紧不慢地说：“我怎么敢笑话您呢？我笑的是彭祖，他的脸太难看了。”汉武帝很奇怪，问：“那你为什么笑彭祖呢？东方朔回答说：“据说彭祖活了八百岁，如果真像皇上刚才所说的，那他人中就会有八寸长，那他的脸该有多么难看啊？”汉武帝听东方朔如此一说，不禁也哈哈大笑起来。

东方朔是聪明的，他用笑彭祖的办法来讥讽汉武帝的荒唐，虽然有指桑骂槐的味道，但这种含蓄的批评，却让高高在上的汉武帝愉快地接受了。

第三，谈话的最终目的是使领导接受你的观点，你的目的是“曲径通幽”，面对不同的领导，需要采取不同的说话方式。有些领导喜欢“以自己的意志为转移”，你就应该围绕他感兴趣的话题引入自己的观点；可是，假如有些领导喜欢直来直去，这时，你也不能直接道出你的意见，因为你一不小心就会触及他的避讳处。面对这种领导，你就需要用旁敲侧击的方法，这就是“曲说”。曲说是指面对某件事情不便直接陈述自己的观点，而是拐弯抹角地绕过主题，用婉约含蓄的方式表达出来，这样，既不触及领导避讳的话题，又能清楚地表达自己的意思。这样，他会思而得其意，而且越揣摩似乎含义越深、越多，因而你的话也就越有吸引力、说服力和感染力，这样你的目的也就达到了。

第四，年轻人要学会顺着领导的意思，逐一展开分析你的观点的正确性，带着领导“顺藤摸瓜”，这是让领导接受你的意见的收尾工作，但这个工作必不可少，不然，就意味着你前期的努力即将付诸东流。领导都是英明的，他不希望自己的思想被人左右，更不希望自己的决策失误，所以，年轻人一定要让领导自己得出结论。

工作中，将自己成功地推销给领导是年轻人成功的一个关键步骤，年轻人要学会表现自己，在遇到和领导意见不一的时候，就要运用委婉含蓄的说话技巧，自然而出色地展示自己的才华！

第14章

会用同情心，用暖心的话语劝慰他人

理解关怀他人，把话说到心里去

“给不幸的人送去最贴心的安慰，是一个人的美德。”一个人如果能善解人意，语言温婉动人，往往能够带给不幸的人温暖和慰藉，减轻他人的痛苦。人生的道路往往逆境多于顺境，坎坎坷坷，苦恼最是难免，除了当事人需要自我调节，还需要朋友最贴心的安慰。人们往往很难忘记曾经和自己一起分担痛苦、在不幸中给自己温暖和力量的那个人。我们要学会担当这一角色，才能有更多的患难与共的真心朋友，关键时刻才能获得更多的帮助和关怀。

然而，并不是所有安慰的话都可以让人感动，只有掌握一定的技巧，才能说得贴心，让人感到欣慰和感激。怎样给不幸的人送去最贴心的问候呢？首先要站在对方的角度，理解他人的苦恼，才能把话说到对方心里去。

1.多倾听对方的苦恼

安慰一个人，听比说更重要，很多人并不需要你的安慰和帮助，只是需要一个静静听他诉说的人。聆听时最好不要追问事情的前因后果，也不要急于去做判断，给对方一定的自由空间，让他去诉说自己的感受，则更能分散苦闷的心情。

某女孩和老公吵架后向闺蜜诉说她的烦恼，其实，吵架的原因并不重要，也不大，主要是女孩子身在外地，总觉得孤单，心理敏感，感觉老公和家人合伙欺负她。这种因为远离家人和好友而产生的孤独、郁闷和委屈是很多新婚的年轻女人都体会过的。朋友只是静静地听她反复诉说，然后告诉她自己也有过这种感受：“事不大，但感觉特别委屈，特别想流泪。”一下子说到了女孩子的心坎里。

2.理解他人苦恼

由于生活体验、家庭背景、所受教育的不同，每个人对苦恼都有不同的理解，在有些人眼中很严重的事，在另一些人眼中似乎“不值一提”。当试图安慰一个人时，首先要理解对方的苦恼，接纳对方的世界，不要迫不及待地提出自己的见解，更不要对对方的感受妄加评断。安慰者必须先放弃自己根深蒂固的成见，真正站在对方的角度去看他所面临的问题，走进对方的内心世界，才能对对方的痛苦感同身受。

3.用真情实意的关怀贴心问候对方

贴心的问候，往往能一下说到对方的心坎里，安慰时最好先问别人的感觉，比如“你感觉好些吗？我能为你做点什么？”或者“你愿意和我说说发生了什么吗？说不定我能帮上你。”这些贴心的关怀性语言可以让对方感觉到你真诚的关心和帮助对方的意愿，从而让对方内心充满温暖。

切忌用一些缺少感情色彩的僵硬安慰，比如“不要担心”“不要难过”“一切都会好起来的”“勇敢点”“请节哀”等这类套话。因为这些话司空见惯，而且缺少关怀，往往很难真正打动人心。

纽约怀特普兰的一名心理治疗专家露斯·罗森菲尔德说：“别拿你的情绪去影响他——更别指望他会接受。你需要做的就是认真倾听，接受你朋友的情感，理解这种情感。”唯有理解，才更贴心，唯有关怀，才能让朋友感到温暖和力量。

用温暖的语言缓解对方的悲伤心情

人生在世，命运神秘莫测，不如意事十之八九，面对痛失亲人爱侣、失恋、失业等不幸和痛苦，我们常常需要朋友的安慰帮我们化解悲伤，对方也一样。对着那些悲伤的面孔，我们常常会觉得无措、无能为力，似乎任何的安慰都难以达到他们的内心。其实，技巧高超的安慰虽然不可能真正消灭痛苦，但可以给他们的内心带来温暖和希望，减轻悲伤。

心理学家也提醒我们："安慰不等同于治疗，治疗是要使人改变，借改变来断绝苦恼；而安慰则是肯定其苦，不试图做出断其苦恼的尝试。"因此，在安慰痛苦的过程中，主要不是提供解决的方法，给对方明确的见解或者干预对方的情绪，而是用倾听等方式了解并认同对方的痛苦，用温和贴心的语言减轻其悲伤的程度。

具体策略与技巧如下：

1.认同他们的痛苦

认真倾听他们的痛苦，不要轻易询问或做出指责、评判或安慰之言，你的倾听就是对对方最大的安慰。当朋友失恋，他们不希望你指责他们或已经分手的伴侣，过多的评判也许会引起对方不必要的反感。失业也同样如此，指责对方的上司或公司、质疑他们的能力或公司的公平是最不明智的一种行为。对于失去亲人的朋友，不要轻易提及死者，更不要轻易表示理解和怜悯，最好的办法是劝他们忘记那些无可挽回的不幸，并询问对方对今后的生活有什么打算。

2.允许他们发泄

对方失去理智的谩骂、唠叨、哭泣，是发泄的方式，无论他们的遭遇是不是公平的，遭受痛苦的初期，他们都可能态度偏激。这时候不要劝解，更不要批评，跟随他们一起指责对方更是不明智的。发泄也是一种疗伤的过程，这时候最好静静地任由他们发泄，让他知道你支持他们的心意。

3.少谈论自己

在安慰他们的时候，最好少谈论自己，无论你是否有过类似的经历，你的经验都不足以应付他人的情绪。你是去提供关心和帮助的，一定要多关注对方的感情，最好不要说类似于"我理解你的心情和处境""我曾经也……"之类的话，这样有把自己的处世态度强加给朋友的嫌疑，最好改为"我很痛心你失去了……我能帮你做点什么吗？"更能体现你对对方的关怀。

4.不要表现出你的怜悯

当一个人失去自己的亲人、恋情、事业的时候，往往是最软弱的时候，心灵也往往最敏感，特别是平时自尊心很强的人。要给人安慰，但一定不要表现出你的怜悯，诸如“可怜”“可叹”“不平”之类的话最好不要轻易说出来。

5.陪对方走一程

面对对方的痛苦，不妨用陪在对方身边的方式来纾解对方心中的痛苦，邀对方一起吃个饭，三五个亲密朋友聚一聚，时不时和朋友一起去散散心，都能帮助他们减轻内心的痛苦。

6.实用的几句劝慰

亲人逝去时——“听到这个消息，我也很难过，能为你做些什么吗？”“我很痛心你失去了亲人，我能帮到你吗？”“你一定很痛苦，有什么需要帮忙的，尽管开口。”

失恋时——“分手总是让人难过的，但是往事如烟，忘掉不开心的事情，开始新的生活吧！”“感情破裂总让人难以承受。有什么需要我帮忙的，随时找我。”

失业时——“塞翁失马，焉知非福。一定还有更好的机会等着你，不要气馁。好好为未来打算一下吧。”“这太突然了，我很遗憾，但我知道有更好的工作在等着你。咱们好好想想看看有哪些合适的机会。”

表达自己的理解，贴心话宽慰对方

被戴安娜王妃誉为“洁白的小天鹅”的英国著名童星艾莉在12岁时患上骨癌，准备截肢。手术前亲朋好友和热心观众都闻讯来探望、安慰她。有的说：“别难过，说不准还会出现奇迹，还有机会慢慢站进来呢!”有的说：

“你是个坚强的孩子，一定要挺住，我们都在为你祈祷。”埃利一言不发，默默地向所有的人有礼貌地以微笑致谢。戴安娜也来到了小艾莉的病床前，她把艾利搂进怀里说：“好孩子，我知道你一定很伤心，痛痛快快地哭吧，哭够了再说。”艾利一下子泪如泉涌。自从得了病以后，什么样的安慰话都听过，就是没有人这么说过，艾利觉得最能体贴、理解她的就是这样的话!

最能宽慰一个人的话就是对自己情感的理解和感同身受，这样的话往往使不幸者感受到自己找到了一个“同盟者”，一个最能体会自己内心感受的人。怎样表达自己对不幸者的理解来宽慰对方的心呢?

1.不要直接表达“理解”

很多人安慰别人时通常会说“你的心情，我理解，但一切都会过去的”或者“我理解你的心情，因为我也曾经……”这些不痛不痒的话不会带给不幸人任何的温暖和贴心的感觉，相反啰唆自己曾经的经历和如今的平静心情还会招致反感。

2.把你理解的感受讲出来

比如“你一定非常痛苦。”“你很郁闷吧。”“其实也知道没什么，还是感到特害怕，是吧？”“觉得特委屈，是吗？”或者把对方内心的隐秘感觉讲出来“你是不是很担心，很焦虑？放心吧，等真正事到临头了，你反而会镇静下来，这个我有体验。”对方的心往往能够放松下来。

3.帮对方分析原因

如果能够分析对方沮丧情绪的原因，安慰起来就能事半功倍。比如一个女人离婚了，很难过，但很多朋友安慰都无效。她的某个知心好友则开导她：“你是不是觉得自己拴不住老公的心，怕被别人笑话？你是不是觉得男人被别人抢了特不甘心？我反而觉得离婚对你来说是种解脱。”经过朋友的一番分析，女人也觉得自己是“当局者迷”，自己对上一段婚姻没有那么留恋，不过是不甘心而已，也就走出了离婚的阴影。

4.提供有效的招数

理解别人的情绪，那么怎样对付这种情绪呢？不妨准备两三个好用的小招数。面对刚刚跟男友分手的小姐妹，“别郁闷了，咱们一起逛逛街去吧，买两条新裙子，把自己打扮得漂漂亮亮的，心情好了，眼睛更亮，咱再挑更好的。”当然，挑选的小招数最好能够投其所好，和对方的性格相合。否则，对方哭得跟泪人似的，劝她“别伤心了，打场球就好了”肯定没用。对方是焦灼还是郁闷，是伤心还是痛苦，是恐惧还是担心，不同的情绪有不同的应对招数。了解朋友的心情和性格，才能说出最贴心的话，才能宽慰对方。

作为朋友，把自己对于不幸者的心情的理解讲出来，也许就能帮助他们透过迷雾看清自己真正的情绪和伤心的原因，从而更快走出人生的迷雾。

巧用对比法劝慰失意之人

面对人生中的不如意，不同的人心理是不同的，但相同的一点是：如果他们面对比他们幸运的人，会产生自怨、气馁、灰心、丧气的复杂感觉，这就是为什么不要在失意的人面前说得意的话。而面对比他们更加不如意的人他们则会产生自得、幸运的感觉，失望、消极的情绪自然被“知足”取而代之。

所以安慰一个受到挫折、情绪沮丧的人，不妨诉说他人的烦恼、痛苦，采用这种“比下有余”的方法，也会让他们暂时从失意中解脱出来，继而产生“幸好我还没有到那个地步”“比起他们来，我这点挫折又算什么”的感觉，从而冲淡他们的失意感，使之更加振奋。

安慰要怎样表达才更有效呢？

1.语气要诚恳、同情

叙述别人遇到的麻烦，态度应该诚恳，表示自己的同情和无能为力的遗憾，否则会被朋友误会你对第三者的麻烦感到幸灾乐祸，从而疑心对自己也存在幸灾乐祸看热闹的心理。千万不要说“他当时比你现在还惨”“可怜他就没你这样的好运气了……”这样直接的比较之言会让对方非常反感。可以说“听说某某也和你有过同样的经历……”然后直接把对方遭遇到的麻烦、困难叙述出来，不要与被安慰人作比较，更不要说“再看看你，这点小事算什么？”最后不妨提点对方一句“你是不是应该乐观点？”

2.可以对比着说

不是两个人的对比，而是第三者痛苦经历和现状对比着说，比如先叙述对方曾经遭遇的挫折，再说现在他生活得很好，功成名就，然后归结为“所以说，天将降大任于斯人也，必先苦其心志，这点麻烦，其实就是对你的一个考验，可见你以后是要有大成就的”。或者说“你看自古一帆风顺的，哪个能有大的业绩，哪个功成名就的人，不是经过大风大浪的？你现在若能闯过风浪，必然能否极泰来”或“我相信你也能像他一样闯过风雨”。

3.切忌“知足常乐”式的表达

安慰一个人是为了使之平和快乐，如果只是讲一讲别人的痛苦经历，然后希望对方“知足常乐”或者“你还是幸运的，有什么不满足呢？”就会使对方陷入安于现状、不思进取的陷阱，就失去了安慰的意义。一定要在劝慰中让对方看到自己的优势和长处，让对方看到希望，以图东山再起。比如“我觉得，你在某方面还是比他明智的，所以没像他那样栽那么大跟头，以后肯定还有更多机会。”就是比较好的一种劝慰语言。

总之，让一个人意识到自己是幸运儿的方法，就是让他看到比他更不幸的人，失意对比更失意，就会有一种对比的自得，这种自得往往也能产生一种力量，带一个人走出人生的低谷。

安慰病人，言语要积极阳光

人在生病的时候，往往会焦躁、沮丧、情绪低落，经常心烦意乱或胡思乱想。整天面对医院枯燥的白色，也往往会使人陷入慌乱，如果能用生动阳光的语言给对方的生活增添些乐趣和希望，他们的心情就会稍微好转。但想要真正达到安慰病人的目的，则必须讨巧，讲究一些谈话技巧也是有必要的。

1.交谈要有针对性

一般和病人或者家属的交谈，离不开对病情和养生之术的探讨，事先对病人的病况、情绪、相关疾病的保养有所了解，安慰就会更有针对性。比如，有些病人对自己所患疾病是否能治愈没有信心，可以多介绍其他类似疾病病愈的例子，让患者相信医生，就可以减少忧虑；有些病人则对经济负担过于看重，一些实际的办法，比如争取医保、单位补助、大病保险的预付等能分散病人的担忧，也可劝慰对方“着眼健康”“不彻底治愈反而会反复花费更多费用”。如果病人只是厌烦医院枯燥的生活，可以多讲些有趣的事儿，多闲聊，也可帮对方带些书籍、刊物、织针毛线等对方喜欢的消遣时光的物品。

2.真诚、坦率地安慰别人

病中的人情绪会更加敏感，最好不要用怜悯、紧张、隐秘的方式谈话，否则，病人会以为自己的病情有什么“内情”，对病愈反而不利。诚恳地劝慰对方保重身体，技巧就在于交谈时的音量要恰当，不要过低，语气要温和真挚而不怜悯嘲笑，用词婉转而不令人生疑。尽量让患者以为你探望之后，为他感到愉快，心情轻松，真心为他病情好转而高兴，这样更有利于减轻病人的心理压力。

3.多谈一些开心的事情

患者单位的事情、家中的事情或者他关心的事情，挑选一些轻松愉悦的讲给对方听，或者征询患者的意见，都可以让对方感到自己受重视，感到家庭、单位离不开自己，才能更有利于患者的恢复。很多同事在探望病人时往往会安慰对方“单位的事不用你担心，有我们呢，你好好养病”，这样反而让病人觉得自己无足轻重或者自己将因为疾病而被替代，加重患者的思想负担，于病情更加不利。

4.尽量轻描淡写、放轻松

谈论患者的病情时，要尽量轻描淡写，放轻松点，不要语气沉重，更忌窃窃私语，更不能与其谈论有可能增加其忧虑和不安的消息与话题。可以说“多幸运呀，我也想生点小病，好好地休息几天”或者“这点小病痛，过几天就又能活蹦乱跳了，我们还等着你给我们唱歌呢”“你真幸运，最近我们都忙得脚不沾地了”。让对方的心情不自觉地就轻松愉快起来。

总之，探望病人时一定要懂得什么话可以说什么话不可以说，应该怎样说，让对方感到更熨帖，才能达到鼓励病人与病魔作斗争的信心，也才能让病人真正感激你。

第 15 章

幽默表达法，让对方口服心也服

运用风趣的语言增加感染力

生活中，我们与人交谈，有时是抱有一定的目的的，其中多半是为了说服对方。如何说服对方？自然是运用语言的艺术，但有时候直截了当地阐明我们的思想与观点，并不能让对方接受，甚至还会引发矛盾，双方陷入交流的尴尬境地。此时，我们不妨运用间接的、令人发笑的语言艺术——幽默。恰如其分的幽默，可以摆脱窘境，缓和紧张的气氛，让对方在笑声中接受我们的观点。同时，在说服中运用幽默的技巧，可以在突出思想性的前提下，用生动活泼的语言来表现你的睿智和风趣，增强说服的吸引力、感染力和有效性。

在一家饭馆里，一位顾客突然喊了起来："服务生，快点过来看！"所有人都看着他，服务生急忙赶来，问道："您有什么吩咐，先生？"

顾客指着自己的饭碗说："快帮我把这些石头从饭碗里面抬出去！"服务生马上明白了是怎么一回事，立刻给这位顾客换了一碗米饭。

在这个例子中，顾客就是运用幽默的方法，使服务生知道"米饭不干净"的事实，并且通过委婉暗示的方式让服务生找到解决问题的办法。这样做，既让对方认识到了问题，又让对方保持了应有的尊严和风度，因此，不愧为一种一箭双雕的好办法。

可见，采用幽默的方式比板起面孔教训他人的效果要好得多。采用幽默的方法往往能显示口才的魅力，使事情得到圆满的解决。

幽默的语言为人类增添无穷的希望和活力，能够把生活变得健康、活泼，使你的人生富有诗意。

在一次内阁会议之前，罗斯福同国务卿赫尔打趣说："你是否认为我说得太多了，以至于其他人都不能插上一句话？"

赫尔说："是的，总统先生。在一次记者招待会上，有新闻记者要我谈谈白宫的膳食情况，我对他们说，我从来没有在白宫吃过饭。这些记者们不相信，他们要我解释一下。于是我对他们说：‘每次在聚餐之前，我都得先在自己家里好好地吃一顿。因为只有在总统用餐时，我才能有机会说上几句话！’”

赫尔说完之后，罗斯福不好意思地笑了。

这里，赫尔指出罗斯福总统的错误时，也没有直接指出，而是利用一句：“每次在聚餐之前，我都得先在自己家里好好地吃一顿。因为只有在总统用餐时，我才能有机会说上几句话！”这句话来打趣，使总统领会到他的言外之意。

可见，在别人犯了错误，你不得不要求对方改正时，千万不可直截了当地指出，而应该采用委婉的方式对对方进行暗示，让他明白自己的错处或隐私，并自觉地改正。这样，既可以使对方避免尴尬，也可以使你的建议更好地被人接受和执行。

另外，利用幽默的方式让对方接受我们的观点，还可以使用虚拟假设的方式，诱使对方进入自己的圈套，从而实现自己的目的，让自己如愿以偿。

下面，我们会看到美国谈判大师荷伯·科恩是如何运用这种方式，最后荣幸地住进了总统的房间。

有一次，荷伯乘飞机到墨西哥城去主持一次谈判研讨会，抵达目的地后才发现旅馆已经客满，无法为他提供房间。

面对这种情况，荷伯决定施展自己的看家本领。他找到旅馆经理，问道：“如果墨西哥总统来了，你们会怎么办？你们肯定会为他提供一个房间的，对不对？”

经理回答：“当然，先生。”

荷伯一听，笑着说：“好吧，他没有来，所以，我就先住他那间。”

经理被他的机智和幽默折服了，最后，荷伯顺顺畅畅地住进了“墨西哥总统的套房”。但是，有一个附加条件，那就是：如果总统来了，他必须立即让出。当然，这种可能性几乎为零。

在这个例子中，荷伯和旅馆经理开了一个玩笑，先假设总统到来，旅馆肯定会为总统提供房间的。那就是说，旅馆还是有房间的，既然总统现在没有来，那就先由我荷伯来暂住吧。这样的机智幽默，可谓巧妙至极，面对这么聪明有趣的人，旅馆老板怎么忍心拒绝呢？

总之，当我们说服别人答应自己的要求时，不妨先幽默一番，开一下玩笑，当对方为之一笑的时候，自然就会心悦诚服地接受你的观点，说服就会取得令自己满意的效果。

小幽默可以讲出大道理

幽默是一种语言的艺术，它更是一种智慧，是一种穿透力，一两句就把那畸形的、讳莫如深的东西端了出来。这也就是人们常说的“小幽默蕴含大道理”。因此，在说服他人的过程中，我们也可以深入浅出，借鉴小幽默来达成说服目的。

一次，爸爸带着儿子旅游，不巧的是，在半路上就开始下起了雨，阴霾的天气让儿子很郁闷，于是开始抱怨起天气来。这时，爸爸先跟儿子讲了一个故事：

有两个中国台湾的观光团到日本伊豆半岛旅游，路况很坏，到处都是坑洞。其中一位导游连声抱歉，说路面简直像麻子一样。

而另一个导游却诗意盎然地对游客说：“诸位先生，我们现在走的这条道路，正是赫赫有名的伊豆迷人酒窝大道。”

的确，从这位父亲身上，我们除了看到他的机智幽默，更看到了他的睿智。面对儿子对天气的抱怨，他并没有直截了当地告诉儿子抱怨毫无作用，而是借用一个幽默的小故事，让儿子明白一个道理：虽是同样的情况，然而不同的意念，就会产生不同的态度。思想是何等奇妙的事，如何去想，决定权在你。

的确，幽默的真正作用并不仅仅在于搞笑、诙谐，而是同时传达另一种意思，体现的是一种智慧。

幽默是一种智慧，它可以给人带来快乐和轻松。与人交流中，如果多用幽默的语言沟通，相信你的沟通能力一定会很出彩。

苏联作家高尔基曾在苏联作家协会理事会的第二次全体会议上作了一次简短的讲话。他在批评一些诗作文章不通时说："同志们，诗人很多，但有巨大诗才的，在我看来却太少。他们写的诗长达几公里。（笑声）我不想谈论伟大的诗歌和大诗人，我在这方面是外行，我失掉了这方面的鉴赏力，我念诗很费力。（笑声）不久以前，我在一个作者的作品里找到了这样的句子：'他举起手，想摸摸她的肩膀，正在这时候，无畏的死神追上了他。'（笑声）说得多别扭啊！"

这里，高尔基使用的便是引用法——引用具体的、滑稽的诗句，这样，不仅能让在座者看出具体的问题所在，还能起到批评指正的作用。

很多时候，一些看似幽默、有趣的生活现象却对生活中的人们起到警示的作用。正如司马迁说：幽默是"谈言微中，亦可解纷"。有的"虽不合大道，然令人主和说"。幽默的语言可以创造良好的交流氛围，可以减轻彼此的压力，用小幽默说服他人更能让人领会你的话中含义。

具体说来，用小幽默说服他人需要做到以下几点：

1.先调节气氛

诚然，幽默能起到消除尴尬、缓解矛盾，调节沟通气氛的目的。但无论是说服陌生人，还是你的老朋友、老同事，过于直白都难免不宜，这个时候就要适时地调节一下气氛，使谈话不至于停顿。另外，先调节气氛，有助于我们适时地引用小幽默。

2.适当地引导

我们沟通的对象是有差异的，有些人善于交谈，在交谈中表现出愉快的情绪，而有些人则不善言谈，有些人不仅很难将自己的意思表述完整，而且在交谈中还总是跑题，不知所云。这样的情况，如果你硬性打断或者强行将对方拉回到沟通主题上，都会伤害到对方，让彼此陷入尴尬，最好的办法还是使用幽默，巧妙地、不着痕迹地引导对方始终围绕着主题说。

需要提醒的是，幽默是一种语言智慧的体现，不是讲笑话。如果我们把讲笑话当成是幽默，那就大错特错了。

总之，妙用小幽默形容、描绘某事物往往能生动形象地显示出它的长处，给人俏皮、诙谐之感，使语言表达的艺术性大增，从而使其妙趣横生，余味无穷。但我们需要注意的是，小幽默用得巧，可使言语生辉；用得不当，就会适得其反。因此，运用小幽默要适当，做到少而精，切不可滥用。

用比喻的方式暗示对方

培根说："善谈者必善幽默。"幽默的特征和妙处在于，通过自觉运用影射、讽喻、双关、对比、夸张等多种修辞手法，以表面的滑稽形式的逗笑，来含蓄地揭示生活中的乖讹和违背情理之处。幽默的谈吐是一个人的思想、学识、智慧和灵感在语言运用中的结晶，是一瞬间闪现的光彩夺目的火花。现实生活中，我们在说服他人的时候，总会因为各种原因，使得我们不便直接表明观点，这时如果运用比喻，把"词锋"隐遁或把"棱角"磨圆一些，使语意软化，含蓄地表达自己的见解，来烘托本来要直说的意思，既可以化解彼此的尴尬，又便于听者接受，运用得当，不乏幽默诙谐。

运用比喻法暗示对方，就是以生动的比喻为据，用形象的喻体所包含的浅显之理，来寄寓一个鲜明深刻的题旨，从而巧妙地达到令对方信服的目的。

在语言表达中，多用比喻的表达方式，往往更令人明白易懂，同时也为沟通和说服工作增色不少。

道家学派的庄子，有一次去拜访他的同学惠施。当时惠施已经是相国了，他听说庄子要来，便认为其是来同自己夺权的，于是派手下的人去抓庄子。庄子知道了，没有躲避，而是直接到惠施的府上，惠施只好当面接待庄子。庄子没有告诉他说是来看望老同学的，也没有解释自己无意于他的相国地位，而是说："我听说古时候有种鸟，它从东南起飞，又向西北飞去。这只鸟非梧桐不栖、非醴泉不饮、非竹实不食。此鸟在飞行中，看见一只乌鸦对自己喊：'你不要来抢夺我的食物，这个老鼠是我的。'可这只飞鸟一句话也没说，不屑一顾地飞走了。"

庄子说完，惠施满面羞愧。

这一故事中，庄子并没有直接表明自己无意于惠施的相国地位，而是先打了个比方，让惠施打消了"小人之心"。试想：如果当时庄子向惠施解释，惠施能完全相信吗？说不定还会惹来杀身之祸。而用一个简单的比喻，不但把事情说清楚了，而且还嘲讽了惠施，这就是语言功力。

现实生活中，我们对他人进行沟通，如果也多用贴切的比喻来说明问题，矛盾不就迎刃而解了吗？

同样，很多时候，我们若想说服那些不怀好意者，也大可引经据典，从而以眼还眼，以牙还牙。

晏子是齐国的大夫，有一次他出使楚国，楚王和他的左右想要羞辱他一番，便故意与晏子站在前庭说话。

这时，武士押着一个人从楚王面前经过，楚王问道："绑的是什么人？"武士回答说："是齐国人。"楚王瞅了一眼晏子，挑衅说："齐国人生来就是盗贼吧？"

晏子针锋相对，说："大王，江南有橘树，把它移栽到江北，就变成了枳树，之所以如此，那是随着地方的不同而发生变化。当今的齐国人，在齐国不偷不盗，很守本分，到了楚国就胡作非为，大偷特偷起来，这大概是楚国的恶习熏染的吧。”

楚王听后无言以对，只好说：“晏子果然是贤人，贤人不可以戏侮；戏侮不成，反倒自讨没趣。”

这里，晏子同样是运用比喻的手法，先不对对方进行反驳，而是引经据典，加以暗示，让对方自己发觉言语的失误之处。当然，此处，晏子是具有相当的自信的。如果缺乏自信，反驳的矛头就指向了自己。

有时候，出于某种需要，利用事物之间所具有的某些相类似的属性，对对方原来的话题不予直接的反驳，而转移到实质相同但形式相异的另一个话题上去。乍看去是“另起炉灶”，实则包含着一个暗示对方原来论点虚假和错误的结论，让人们从这一影射中自己去品味、体察其中隐含的耐人寻味的意旨。

在暗示对方的过程中，巧妙地运用比喻的手法，利用事物之间的相似性、相关性和相对性，借实比虚，借浅比深，借比求同，借比显异，让人们在事物的相互比照中更具体、更深刻、更全面地悟出事物的性质和道理来。

喻证法又分为明喻证法、借喻证法、博喻证法、引喻证法四种。

第一，明喻证法，这是相对于修辞中明喻的手法而言的。也就是说，在说话时，可以同时摆出借用的喻体事物和与之相似的本体事物，然后显示出两个事物间的相似性。

第二，借喻证法，当然，这就是在言谈中运用借喻的手法，即在言谈中不提本体和喻体事物，而只言所借的喻体事物，让听者自己感悟本体和喻体之间的相似性、联系等。

第三，博喻证法，即在言谈中使用三个或者三个以上的比喻，从而从不同角度、层次或者阶段去表明事物间的性质、道理、联系等。

第四，引喻证法，即引用寓言、典故、神话传说等证明所喻本体事物的道理。

运用这一手法时，应注意几个问题：

其一是比喻者与被比喻者要类相异、理相同。只有类相异，才能作比喻；只有理相同，才能由此及彼作推理。

其二是比喻要贴切，即喻体与本体在比喻点上要有内在的性质联系，存在共同的道理。反之，若两者毫无共同之处，却牵强附会，只能让人啼笑皆非而不屑一驳。

其三是喻证法虽然形象生动、浅显通俗，但由于喻体与本体毕竟是两类不同的事物，具有不同的本质属性，因此，它推出的结论带有一定程度的或然性。

逆耳的劝说用幽默方式来表达

人们常说："良药苦口利于病，忠言逆耳利于行。"但实际上，并不是所有人都能接受逆耳的忠言，过于直白生硬的说法，往往很难令人接受。因此，我们在说服别人时，应该尽量运用委婉的说服方式，这样不仅可以让对方乐于接受我们的说服，而且也会给我们的说服留有回旋的余地。幽默就具有这一强大的力量，它能帮助人们营造良好的劝说氛围。

在一家高级餐馆里，一位顾客坐在餐桌旁，很不得体地把餐巾系在脖子上。餐馆的经理见状十分反感，叫来一个服务生说："你去让这位绅士懂得，在我们餐馆里，那样做是不允许的。但话要尽量说得和气委婉些。"服务生接受了这项任务，来到那位顾客的桌旁，有礼貌地问："先生，你是想刮胡子，还是理发？"那位顾客愣了一下子，马上明白了服务生的意思，不好意思地笑一笑，取下了餐巾。

这个小故事中的服务生是十分机智的，试想，如果他直接指出来："你又不刮胡子，又不理发，为啥要把餐巾系在脖子下。"就显得生硬不友好，直白的表达让顾客面子上过不去，很容易激起反感和对立情绪，甚至顾客会拂袖而去，给餐馆造成经济和名誉上的损失。而他选择以幽默的方法把自己的意思隐藏起来，留给顾客脸面：刮胡子和理发需要把毛巾系在脖子下，现在既不是刮胡子又不是理发，所以不应该把毛巾系在脖子下。这样，他既表达了自己的观点，礼貌地暗示出顾客有失体统之处，圆满地完成了经理交予的任务，交际的效果是积极的。

可见，在劝说他人的时候，如果你的意见是逆耳的，那么，你就不妨放弃直接劝说的方式而改为幽默、含蓄的表达，让对方自己找出正确的方法，远比你直接指出来要好得多。

众所周知，马克·吐温是美国著名的喜剧大师，无论是写作还是日常生活，他的语言都十分诙谐，尤其在嘲讽方面，他可谓登峰造极。

马克·吐温有一次坐火车去上课，因为离开课的时间已经不多了，他十分着急，但是火车的速度并没有因为他着急而开得更快。于是马克·吐温打算和列车员开个玩笑。当列车员过来检票的时候，马克·吐温取出了一张儿童票递给他。这位列车员也挺幽默，故意假装仔细打量了马克·吐温半天，说：“看不出您还是个孩子啊！”

马克·吐温回答：“我现在已经不是孩子了，可是我买票上车的时候确实还是个孩子。”

这则幽默故事中，马克·吐温使用的也是幽默的技巧，他的话可谓藏而不露，不动声色地表达了自己的观点。

那么，在使用幽默法表达逆耳的劝说时，我们该注意些什么呢？

1.要学会倾听

只有用心听了，才能听清楚、听明白对方的想法、观点等，说得对还是不对，是不是紧扣主题等，才能及时发现问题，及时采取措施。

2.及时打断对方

如果你发现了对方观点或做法错误，就要及时打断对方，以免让对方错得更“离谱”，观点“跑”得更远，但是，并不是说你一发现就要阻止对方，而是应该找对点，找对让对方停止的点。否则，对方说了半截，明显没有说完，你的打断会让对方很难堪的。

3.不要直接否定对方

如果对方的做法或者观点不妥，你固然需要指出来，但是也不能因此就直接让对方闭嘴，更不能直接否定对方。

4.抓住主要问题

谈话必须突出重点，扼要紧凑。因此，谈话应迅速转入正题，阐明问题实质。要知道，言语啰唆是对信息实质不理解的表现，是谈话效率的大敌。

5.掌握评论的分寸

即使你运用幽默法劝说别人，措辞也要有分寸，表达要谨慎，要采取劝告和建议的形式，以易于对方采纳接受，而不能含沙射影、取笑他人等。

正话反说，让对方深刻领会

说话是一种艺术，在生活中有许多人可以用正话反说或反话正说的方法把普通平常的事情说得生动幽默。我们在说服他人的过程中，常会出现一种情况，如果从正面劝服，对方不一定能接受，也不一定能深刻认识到我们的观点，那么，此时我们不妨选择正话反说的方法，也能达到言反意正的效果。比如，你与一个朋友好久不见，突然见面，发现他长胖了。你可以这样调侃："你看起来越来越有膘了!"这带点戏谑性的幽默似乎不太难。如果换成正话反说："啊!你怎么越来越苗条了!"幽默的表达令你的朋友嗔怪地笑起来。

正话反说是一种因颠倒黑白是非而产生的幽默，它是通过语言的反差达到幽默的效果的。

在向别人提出建议或意见时，正话反说可以在幽默诙谐中表达自己的观点，让听者在比较舒坦的氛围中欣然接受信息，达到比直言陈说更为有效的说服和沟通的目的。

约翰先生坐在车厢里很有礼貌地问坐在身边的一位女士："我能抽烟吗？"

女士很客气地回答："你就像在家里一样好啦!"约翰先生只好将烟盒重新放进衣袋里，叹了一口气说："还是不能抽。"

这位女士说的是一句客气话，她的话并不幽默，幽默的产生来源于约翰先生的回答"还是不能抽"之中隐含的那个判断：在家里就不能抽烟，因为受妻子"管制"；现在如同在家里一样，自然还是不能抽了。这个结果一出现，使大家一下子就看清了约翰先生"妻管严"的形象，那种夸张的无可奈何的神态惟妙惟肖，令人忍俊不禁。

美国作家马克·吐温就是深谙正话反说、制造幽默的人。

马克·吐温收到一位初学写作的青年的来信。写信人对这样一个问题颇感兴趣：听说鱼骨里含有大量的磷质，而磷则有助于补脑，那么要成为一个举世有名的大作家，就必须吃很多很多的鱼才行。不知道这种说法是否符合实际？他问马克·吐温："您是否吃了很多很多的鱼，吃的又是哪种鱼？"

马克·吐温回信说："看来，你得吃一条鲸鱼才成。"

这则故事中，马克·吐温是怎么让这位青年认识到"吃鱼和是否能成为著名的大作家之间并无多少关系"的这一观点的？就是正话反说，因为没有谁会真正吃一条鲸鱼，从反面夸张地开个玩笑，对方也就自然认识到自己原本观点的荒诞可笑了。

当我们需要表达内心的不满或者希望对方接受我们的改善方法时，也可以使用正话反说的幽默技巧，让别人听起来顺耳一些。例如：

杰克和他的情人想喝咖啡，但端上来的咖啡差不多只有半杯，这时杰克笑嘻嘻地对咖啡店主人说："我有一个办法，保证叫你多卖出三杯咖啡，你只用把杯子倒满即可。"

杰克巧妙地运用正话反说的幽默来表达失望感，却不致给对方带来难堪。也许杰克并没有喝到满满一杯咖啡，但杰克一定会得到友善、愉快的服务，咖啡店主人或许还会请杰克下次再光临该店。

这种正话反说的幽默技巧不仅被今人广泛使用，其实古人中的智慧者很久以前就已经能够成熟运用这种技巧了。

秦朝的优旃是一个有名的幽默人物。有一次，秦始皇要大肆扩建御园，多养珍禽异兽，以供自己围猎享乐。这是一件劳民伤财的事，但大臣们谁也不敢冒死阻止秦始皇。这时能言善辩的优旃挺身而出，他对秦始皇说："好，这个主意很好，多养珍禽异兽，敌人就不敢来了，即使敌人从东方来了，下令麋鹿用角把他们顶回去就足够了。"秦始皇听了不禁破颜而笑，并破例收回了成命。

优旃的话表面上是赞同秦始皇的主意，而实际意思则是说如果按秦始皇的主意办事，国力就会空虚，敌人就会趁机进攻，而麋鹿用角是不可能把他们顶回去的。这样的正话反说，因为字面上赞同了秦始皇，优旃足以保全自己；而真正的含义，又促使秦始皇不得不在笑声中醒悟，从而达到了他说服的目的。

以上这些幽默故事，虽然都使用了同一种幽默技巧——正话反说，但很明显，在表明自己的观点之前，制造幽默的人都是藏而不露的。不过需要注意的是，即使是通过正话反说让对方领会得更深刻，也需要露中有藏，藏中有露。如果藏得太密太深，幽默效果就荡然无存了。所以在使用这种技巧时一定要注意藏之有度，要让人们经过短暂的思索后立即能判断得出。

正话反说，兼具机智与幽默之美，如果运用得当，可使话语蕴藉、含蓄而别具情趣，给听者留下广阔的思维空间，让人回味无穷，在笑声中取得良好的交际效果。

第16章

笑言解尴尬，软语入心化解心中疙瘩

把自己的真诚传递给对方

很多人对口才的认识就是心藏玄机下的伶牙俐齿、口若悬河。实际上，这就在认识上进入了一个误区，这样的理解与口才的真实含义是背道而驰的，如果将这些东西奉为圭臬的话，恐怕就永远无法在交际场合中取得胜利。真正的会说话者，并不是那种胸有城府、心藏山川之险恶的人。相反的，每个擅长交际的人口中所吐出的言辞都有着一种深刻的感染力，能够让人感受到他的热忱和坦率，在热情诚恳的讲话中，感化听者，并且让听众产生由衷的尊重和敬佩。

白居易在诗中写道："感人心者，莫先乎情。"我们评价一个人讲话好坏的重要标准之一就是"通情达理"。通情的关键所在就是要求坦诚，而不是藏掖和躲避，要些手段。古今中外许多的名人都强调为人的真诚，著名的翻译家傅雷先生曾经说过："我一生做事，总是第一坦白，第二坦白，第三还是坦白。"俄国著名的将领库图佐夫在给叶卡捷琳娜皇后的信中说：您问我靠什么魅力凝聚着社交界如云的朋友？我的回答是："真实、真情和真诚。"真实、真情和真诚的态度是成功人士的说话妙诀。

在松下电器还是一家名不见经传的小工厂时，他的老总松下幸之助经常亲自去做业务员，推销本公司的产品。每次遇到在价格上无法谈拢的客户，他并不采用一些哭诉或者请求的方法，而是坦诚地告诉对方："我的工厂并没有任何的知名度，只是一家小工厂，在炎热的夏季，我的工人们都在炙热的铁板上加工制作产品。大家都很累，但是却并不敢有丝毫的松懈，对产品的质量不敢降低丝毫的标准。我们制作的每一件产品都是在千辛万苦之后才完成的。按照正常利润的计算方法，每件产品应该按照××元的价格出售。"客户对他的这种推销方式感到十分惊讶，就静静地听他讲下去，听完之后，开怀大笑说："卖方在讨价还价的时候，总会说出各种不同的话，在价格和质量上也都打了不少埋伏，但是你说得很不一样，句句都很坦诚。那么，我们就照你说的买下你们公司的产品好了。"

松下幸之助之所以能够获得成功，就在于他坦诚的说话态度。他的每一句话里都带着朴实和诚恳，描绘工人的艰辛时也充满了情感。他的话不多，但是却唤起了别人的深切同情和感情上的认同，对他的坦诚相待也十分欣赏，就很快决定了购买他的产品。

管仲曾经说过："善人者，人亦善之。"每个人都有着丰富而又具体的感情，在交际之中，希望得到真诚的情感交流。在生活中，我们愿意和富有感情爱心的人交往，也愿意和这些有着真挚感情的人进行合作。人和人之间的交往，有了诚挚的感情做铺垫，就会很容易找到共同语言，建立起深厚的友谊。

真诚是说话成功的第一要素。真诚是一种处世的态度，更是一种为人的境界。一个人的言谈哪怕是旁征博引、引经据典，而一旦缺乏真诚的元素就会变得一文不值。那些绕圈子、耍手段的说话和为人方式，只会让别人对他越来越疏远，也越来越厌恶。那些自以为聪明的谈吐，最终不过是自我欺骗的伎俩而已。

因此，在我们和别人进行交谈的时候，首先想到的就是如何把自己的真诚运用有效的语言传递给对方。只有当对方感受到你的诚意后，他才会打开心扉，接受你所讲话的内容，彼此间才能实现真正的沟通和交流。

用机智和好口才为自己化解尴尬

在与别人交往的过程中，一时的失言是很正常的现象。尽管每个人从内心里都不愿意说错话，但是错话往往会在一些意外的情况下从嘴里说出来。

说出去的话是不能收回的，为了挽回负面的影响，不妨多动一下脑筋，随机应变，用将错就错或者曲解词意等方式来化解说错话后的尴尬。

无论是使用将错就错还是曲解词意的方法，目的都是转移对方的注意力，在最短的时间之内抹掉对方心灵上的不快，消除尴尬的局面，从而将意外的紧张和不快迅速地转化到轻松欢快的场景中去。

杨先生是山东人。一天，他和一个客户谈生意。由于是初次见面，一时间难以找到什么话题，他就开始东拉西扯地聊起了各地的风土人情。通过交谈杨先生得知客户是烟台人，他顿时感到倍加亲切，有一种他乡遇故知的感觉。在两个人的谈话中就很自然地多了几分亲热，少了一些客套，心情上也放松了许多。

“中原地区是一个好地方，历史悠久，文化灿烂，有着很多的风景名胜，又是交通枢纽，更为难得的是民风淳朴，不像南方，南方尽管是发达地区，但是那里的人都有一种市侩气，尤其是南方的女性，虽然有过不少有名的人才，但是大部分人失去了江南水乡的清纯，都很虚荣，成为了地道的拜金主义者……”

没有想到的是，客户的脸色呈现出不悦之色，并且有些生气地说：“拙荆就是南方人呀。”

一下子，气氛尴尬了许多，杨先生意识到了自己的口无遮拦给对方带来不小的伤害。但是杨先生毕竟是交际场中的高手，见状赶紧说：“夫人是南方人吗？实在是太巧了，我就是在南方出生的呀。”

尽管说谎不是好事，但是为了化解一下尴尬的气氛，善意的谎言还是可以理解的。杨先生这样就为自己对南方的理解找了借口，然后又追加了几句南方人的优点：“南方人追求金钱是有目标的表现，在生活上，性格细腻的南方女性最适合做终身的伴侣。”听完杨先生的话，对方的脸色就转怒为喜了。

在生活中，什么样的事情都可能遇到，有时候还会受到意外的冲撞和冒犯。当别人的冒犯给自己带来尴尬的处境时，恼羞成怒、勃然变色都是十分幼稚的行为，那样既会浪费时间和精力，又不利于人际交往。在这个时候，不妨见招拆招，换一种角度去解释别人带有攻击性或者嘲讽的话语，那么，不仅能够让自己迅速地摆脱尴尬的局面，还能把这一次的尴尬转化为宣传自己的工具，从而达到一种艺术效果。

中文系大一新生的班会上，学员们轮流上台做自我介绍。轮到了来自农村的学生牛力时，他走上讲台，刚刚说了一句："我姓牛，来自农村……"就被一个不友好的声音给打断了，只听有人说："哎哟，乡下的小牛要进城喝咖啡了。"很多同学都放肆地笑了起来，牛力对这位无礼的同学感到十分气愤，但是又不愿意在第一天里就给别人留下不好的印象，就忍住火气，让自己镇定了一下说道："是的，我是乡下的小牛，不过，我来到这里并不是为了喝咖啡，而是来'啃知识'的，以便更好地回到农村去耕耘，我'吃的是草，挤出来的是奶'，我愿意永远做我们家乡的孺子牛。"

他的话说完之后，大家都自发地热烈鼓掌，为牛力精彩的讲话喝彩。牛力用自己的机敏，顺着别人的玩笑话，用鲁迅先生的名言做了一个很好的解释，既让自己摆脱了尴尬的局面，又表明了个人的做人原则，赢得了全班同学的由衷敬佩。

通常情况下，别人带有侮辱性的玩笑话并非故意的刁难，只不过是有口无心而已。在这个时候，你没有必要为此事而恼羞成怒，伤了双方的和气，而是要充分展现自己的口才，顺着别人的话借题发挥，将那些略有侮辱性的语言变成褒奖自己的话语。

在我们遇到尴尬的时候，没有必要面红耳赤，不知所言，更没有必要恼羞成怒，丧失理智，不妨转动一下脑子，寻找另外一种语言，用好的口才去化解尴尬的场面，消除其中的可笑意味，缓解一下双方的紧张心情。尴尬是由我们一手造成的，既然出现了，躲避是没有用的，那么不妨把情绪放平和些，用语言来进行及时的弥补和拯救，那么你就会变得轻松许多。

尴尬时巧妙打“圆场”

在交际活动中，常常会有第三者说出一些让人感到惊讶或者气愤的话。他们怪异的言谈举止，带来交际各方的误会，导致了交际场合的尴尬。在这个时候，我们应该开动脑筋，用打圆场的方式，制造轻松的气氛，或者用擦边球的形式来强调言语唐突者的合理性，让各方都能有一个台阶下，达到“你好、我好、大家好”的目的。这样，你就会得到别人的感激和敬佩，获得良好的人际关系。

在一次同学聚会上，久别重逢的人们十分高兴，亲热地聊起了天。或许是酒喝多了的缘故，一个男士对着一名女士信口开河地说：“当初你追求我的时候，我拒绝了你，现在你是不是还耿耿于怀呀？”这本来是一句玩笑话，虽然有些过火，但在同学聚会的欢快气氛之中也是无伤大雅的。但是，这位女性可能是因为心情不好的原因，听到之后竟然勃然作色，指着那个男士大骂：“你神经病啊！你也不撒泡尿看看你那副德行，哪个人会瞎了眼追求你这种长相谦虚心里龌龊的人？”她的声音很大，压过了别人的谈话，顿时热闹亲切的场景一下子冷了下来，大家都感到异常的尴尬。这时候，另外一个女士站了起来，笑着说道：“多年不见，我们的公主还是脾气没变呀，她喜欢谁，就说谁是神经病，说得越是刺耳，就说明喜欢得越厉害，我说得没错吧？”这番话说完，大家就很自然地想起了美丽的大学生活，不由得七嘴八舌地相互开起玩笑来，刚才的不快就像没有发生一样，一场风波就在短短的几句话中得以平息。

无论在什么场合下，没有一个人愿意被别人刺伤面子，从而下不了台。在别人的面子受到伤害的时候，如果你能够采取正确的方法，给他一个台阶，帮助他挽回面子，那么就会让他对你感激不尽，从内心里愿意和你进行交往。

无论是在和别人聊天的时候，还是在大型的聚会场合，抑或是工作的时候，需要用灵活变通的手法打圆场的事情有很多。有时候我们要为自己的口误打圆场，有时候也要为朋友同事打圆场，只要我们能够发挥聪明才智，就能够做到息事宁人，将复杂的事情简单化处理。

课堂上，一位实习老师正在黑板上写板书，刚写完几个字之后，突然有学生大叫了起来："实习老师写的字比我们李老师写的字好看多了！"

此言一出，语惊四座。有口无心的学生不会想到，坐在后排听课的李老师是多么的尴尬，心情是多么的不舒服。而这位实习老师，刚刚从学校出来，就碰到了这样让人尴尬的场面，着实让人头痛，如果处理不好的话，很可能影响和李老师之间的关系，让两个人在实习期里都会因为心里的疙瘩而不好打交道。这个时候如果用谦虚的话来贬低自己并不能很好地解决问题。这位实习的老师在情急之下灵机一动，装作什么也没有听见，继续写板书，头也不回地说："是谁不安安静静地看课文，在下边大声喧哗？"

此言一出，让后座的李老师长吁一口气，感觉自己的面子得以保全，顿时轻松多了，尴尬的局面也就随之得以消除。

这位实习老师虽然年龄不大，但是在做事上却十分成熟老练。当学生们称赞他的字写得好的时候，他选择了避实就虚的方式，避开了学生的赞扬，从批评学生不遵守课堂距离的角度入手，既维持了教学过程的正常进行，又体面地维护了李老师的面子。表面上他是在批评学生，而实际上却是在向后排的李老师传递"我根本不知道学生说了些什么"的信息，同时又防止了学生继续称赞的发生，从而避免了再次造成尴尬的局面。短短的一句话，取得了非同凡响的效果。

生活是千变万化的，许多尴尬的场景让我们防不胜防。既然尴尬无法避免，那么就不妨采用一些巧妙的手法来维护他人和自己的面子，让双方都能够有一个台阶下。在尴尬的时候能够打圆场，不仅能够反映一个人的聪明才智和应变能力，同时还体现了他善于设身处地为别人着想的良好道德修养。

如果在别人处在尴尬的时候，你能够为他们不失时机地采取行之有效的方法打圆场，那么，你就能够获得别人更多的赏识和信任，从而提升自己的个人魅力，获得丰厚的人际关系。

敏感话题用模糊语言巧妙回避

在现实生活中，有很多的事情会在我们没有思想准备的情况下发生，也有很多的问题会让我们感到左右为难。在这种情况下，如果选择沉默或者拒绝不免会给交际双方带来不好的影响，也会让自己在别人心中的印象大打折扣。在这种时候，我们不妨用模糊的语言来做出回答。

模糊的语言是一种重要的交际手段，同时也体现了一个人随机应变的能力。在一些不必要或者不能把话讲得过于清楚的情况下，完全可以运用这种表达方式，既避免了紧张的气氛，又让自己得以解脱，同时还不会给别人带来负面的心理影响。

在社交场合游刃有余的人，都懂得“模糊语言”的正确运用。模糊的语言能够用恰当的方式、微妙的语言，对别人的问话或者请求做出有余地的回答，既不会因为生硬的拒绝给对方带来不快，又能够保全双方的面子，从而避免了不留后路的后顾之忧。

有一艘豪华客轮在即将到达旅游点的时候突然停了下来，原来是客轮的驾驶室里出现了一些问题。游客们在经过几十分钟的等待之后，终于忍不住内心的不满和焦躁，纷纷把矛头指向了导游，质问导游事先为什么没有做检查，追问客轮什么时候才能重新起航。面对情绪激动失去了理智的人们，导游却是镇定自若，脸上一直带着微笑，心平气和地向大家做解释：“请大家不要着急，客轮并没有什么大问题，只是出现了一点小毛病而已。技术人员正在做检查，一会儿就修好了。为了大家的安全，请大家耐心地等一会儿，不要走远，更不要站在危险的地方，马上就要起航了。”导游不断地重复着这些话，游客们的心情也慢慢平静了下来。

导游在回答旅客的质问时，用了一连串的“一会儿”“马上”等词语，既避免了游客的情绪再度波动，又因为没有给出确切的答案从而给自己留出了余地。他在安慰游客时，并没有给予确切的时间承诺，而是用一连串的模糊语言让游客们安静地等待了一个多小时。不妨试想一下，如果导游为了安抚游客，盲目地讲“15分钟之后就可以起航了”，15分钟之后客轮依然停留在原地，很可能就会激起游客的怒火。将自己逼往绝境的导游再做出任何的解释都是没有用的，反而会加重游客们的怨气和怒气。

模糊的语言可以作为一种缓兵之计，当别人问你一些没办法回答的问题的时候，如果委婉拒绝不能起效的话，你就应该用一些模糊的语言来搪塞一下，这样既可以让自己从麻烦中摆脱出来，又能够不伤及对方的面子。一个聪明的人，在敏感话题上从来不言之凿凿，也不会生硬拒绝，而是懂得用一些模糊的语言来保全双方的面子，从而既为自己留了一条后路，又避免了一些不必要的纠纷。

模糊语言的表达形式是多种多样的，比如闪烁其词、答非所问、避重就轻等，但归根结底就是不要把话说得太死，给自己的语言留有余地，也在给对方留足颜面时对以后的交往存在更大的兴趣。

在现实生活中，有很多的敏感性话题让我们无法做到坦诚布公地回答，但是又因为考虑到双方的颜面而又不愿意做出生硬的拒绝，那么就要在说话中讲究一些策略，用模糊的语言回答别人无心或存心的话题，做到既有力度又不伤人，这样的谈话方式就会让你的口才能力上升到一个新的台阶。

现实生活中，有很多的问题需要用模糊的语言来回答。当别人问你“月薪是多少”的时候，你不妨说：“聊以糊口罢了。”如果有人问你是怎样结识一个大人物的时候，你不妨说：“这是个很复杂的过程，等以后有时间了，我再详细地告诉你。”当别人打听到你父亲的朋友就是你所在公司的领导时，故意问你：“你在这家公司应该不错吧？”你可以说：“全托您的福。”这些回答既显示出了你的热情，又能巧妙地躲避掉那些你不愿意回答的问题。

模糊的语言是日常生活中随机应变的一种重要的方法，常常用于一些不必要、不可能把话说得太死的情况。我们可以很巧妙地运用这些模糊的词语，那样会给人一种圆滑的印象，在你不确定的时候，就不要说大话。

言语尽量不触及别人的敏感之处

心理学家们通过研究发现，每个人都有着自己特殊的“敏感区”。这个敏感区域包括个人的隐私过错以及自尊和做事底线等。每个人都不愿意在别人面前过多地暴露出个人的隐私或者以前的错误，更不愿意让个人的尊严受到别人的伤害。因此，我们在交际活动中，一定要注意不要触及对方的敏感区，更不要让对方觉得受到侮辱。哪怕是为了改正别人的缺点而进行必要的劝说，也要注意正确的方式和方法。

《菜根谭》里有这样一句话很有道理：“径路窄处，留一步与人行；滋味浓时，减三分让人尝。”这句话的意思就是，做什么事情都要先考虑一下别人。而作为日常生活中必不可缺的话语更要如此，一定要坚持一个原则，不能够在别人面前口无遮拦，更不能为了一时的心直口快而侵犯别人的隐私，进入别人的敏感区，让别人下不了台。

王小姐是一家公司的员工，担任文秘工作。她是一个聪明伶俐的小女孩，总能给别人提供真诚和无私的帮助。但是，像这样一个有着很多优点的小女孩，却无论如何也不能取得别人的喜欢，相反的，还有不少人在远远地躲着她，在一些朋友聚会中也会故意“忘记”招呼她。这主要是因为王小姐的性格比较爽朗，经常喜欢开一些恶作剧性质的玩笑，常常让朋友们感觉下不了台。

有一次休息的时候，她的一个同事神秘地说：“你们看看这张照片是谁的？”等大家挤过来看的时候才发现是一个橘子皮，顿时就感觉索然寡味，都退回到了自己的座位上。而王小姐却大呼小叫地说：“你拿李建的照片做什么？”这下子，李建感觉受到了莫大的侮辱，气得涨红了脸，而一些好事的同事就给他起了个橘子皮的外号。从此之后，李建见到王小姐就远远地躲开。

还有一次，一个同事穿着一身新西装来到公司，别人都微笑友好地对他说：“您今天可是真精神啊，这件衣服很适合你。”这时候王小姐又口无遮拦地说：“你这件衣服也太不上档次了吧，是不是今年的款式还说不准呢。”

那位同事对服装是十分讲究的，听王小姐这么一说，脸色顿时变得铁青。

王小姐不仅对同事这样，对老板也同样如此。有一次，老板和客户签协议，客户看到老板龙飞凤舞的签名之后，夸奖道："您的签名可是真气派呀。"老板刚想谦虚几句，没想到王小姐却不知趣地抢过话头："我们老板练了三个多月了，能不气派吗？"此言一出，让老板和客户都陷入了巨大的尴尬之中。

王小姐之所以不被朋友们所欢迎，原因就在于她不懂得如何去尊重别人，以为讲一些肆无忌惮的话能够活跃气氛，无伤大雅，而最终的结果却表明了她的做法和想法是错误的。每个人都有着自己的性格，各自所敏感的东西也会与众不同。我们在交际中一定要注意尊重对方的人格，在谈吐之间尽量不要涉及对方的敏感地带。我们应该在以下几个方面多注意一下：

1.可以适当地开玩笑，但是不能以讽刺他人为目的

玩笑话一般能起到活跃气氛、缓和人际关系的作用，但是有些人在开玩笑的时候不懂得适度的原则，喜欢讽刺、攻击、责怪他人，尽管可能会引起短暂的笑声，但却给被嘲笑者的心理留下巨大的阴影，甚至会造成一些意想不到的后果，让本来十分宽松的气氛显得过于紧张和难堪。

2.任何的谈话都不要涉及他人的隐私

无论处在任何的场合下，也无论对方和自己是多么的熟悉，都不要在交谈的内容中涉及对方的隐私。俗话说"言者无意听者有心"，有时候一句无心的话，在别人听来可能就是一种讽刺和侮辱的声音，从而对你产生极其恶劣的印象。

3.千万不要拿别人的短处来说事

在社交场合总有那么一些人，喜欢用别人的生理缺陷和生活缺陷来当谈资，作为炫耀自己的一种方式。比如说些"你那几个月不洗的臭脚可以熏死一屋子人啊"等，这样就会让别人对他产生很大的厌烦情绪，从心里不愿意和这种人打交道。

参考文献

[1] 鸿图.说话心理学（教你如何说漂亮话）[M].北京：海潮出版社，2013.

[2] 成杰.话语攻心术：把话说到对方的心坎里[M].北京：中国华侨出版社，2012.

[3] 邹静.每天一堂心理分析课[M].北京：人民邮电出版社，2013.

[4] 武庆新.别输在不懂说话上：让你大受欢迎的说话技巧[M].北京：北京工业大学出版社，2012.